BERATEN IN DER ARBEITSWELT

Herausgegeben von
Stefan Busse, Heidi Möller, Silja Kotte und Olaf Geramanis

Heidi Möller / Cord Benecke

OPD-basierte Diagnostik und Intervention im Coaching

Vandenhoeck & Ruprecht

Mit 3 Tabellen und einer Abbildung

Bibliografische Information der Deutschen Nationalbibliothek:
Die Deutsche Nationalbibliothek verzeichnet diese Publikation in der
Deutschen Nationalbibliografie; detaillierte bibliografische Daten sind
im Internet über https://dnb.de abrufbar.

Umschlagabbildung: eamesBot/Shutterstock.com

Satz: SchwabScantechnik, Göttingen
Druck und Bindung: ℗ Hubert & Co, Göttingen
Printed in the EU

Vandenhoeck & Ruprecht Verlage | www.vandenhoeck-ruprecht-verlage.com

ISSN 2625-6061
ISBN 978-3-525-40009-8

Inhalt

Zu dieser Buchreihe

Die Reihe wendet sich an erfahrene Berater/-innen, die Lust haben, scheinbar vertraute Positionen neu zu entdecken, neue Positionen kennenzulernen und die auch angeregt werden wollen, eigene zu beziehen. Wir denken aber auch an Kolleginnen und Kollegen in der Aus- und Weiterbildung, die neben dem Bedürfnis, sich Beratungsexpertise anzueignen, verfolgen wollen, was in der Community praktisch, theoretisch und diskursiv en vogue ist. Als weitere Zielgruppe haben wir mit dieser Reihe Beratungsforscher/-innen, die den Dialog mit einer theoretisch aufgeklärten Praxis und einer praxisaffinen Theorie verfolgen und mit gestalten wollen, im Blick.

Theoretische wie konzeptuelle Basics als auch aktuelle Trends werden pointiert, kompakt, aber auch kritisch und kontrovers dargestellt und besprochen. Komprimierende Darstellungen »verstreuten« Wissens als auch theoretische wie konzeptuelle Weiterentwicklungen von Beratungsansätzen sollen hier Platz haben. Die Bände wollen auf je rund 90 Seiten den Leser/-innen, die Option eröffnen, sich mit den Themen intensiver vertraut zu machen als dies bei der Lektüre kleinerer Formate wie Zeitschriftenaufsätzen oder Hand- oder Lehrbuchartikeln möglich ist.

Die Autorinnen und Autoren der Reihe werden Themen bearbeiten, die sie aktuell selbst beschäftigen und umtreiben, die aber auch in der Beratungscommunity Virulenz haben und Aufmerksamkeit finden. So werden die Texte nicht einfach abgehangenes Beratungswissen nochmals offerieren und aufbereiten, sondern sich an den vordersten Linien aktueller und brisanter Themen und Fragestellungen von Beratung in der Arbeitswelt bewegen. Der gemeinsame Fokus liegt dabei auf einer handwerklich fundierten, theoretisch verankerten und gesellschaftlich verantwortlichen Beratung. Die Reihe versteht sich dabei als methoden- und Schulen übergreifend, in der nicht einzelne Positionen prämiert werden, sondern zu einem transdisziplinären und interprofessionellen Dialog in der Beratungsszene anregt wird.

Wir laden Sie als Leserinnen und Leser dazu ein, sich von der Themenauswahl und der kompakten Qualität der Texte für Ihren Arbeitsalltag in den Feldern Supervision, Coaching und Organisationsberatung inspirieren zu lassen.

Stefan Busse, Heidi Möller, Silja Kotte und Olaf Geramanis

1 Warum OPD?

1.1 OPD in der Managementdiagnostik

Die Operationalisierte Psychodynamische Diagnostik (OPD; Arbeitskreis OPD 1996, 2006, 2014, 2023) wurde in den 1990er Jahren von einer Gruppe psychoanalytischer Forscherinnen und Klinikern entwickelt. Die OPD stellt inzwischen einen weithin akzeptierten Standard in der psychodynamischen Diagnostik für Klinik und Forschung dar. Es gibt sie zudem in vielen Ländern und Sprachen, wie zum Beispiel Englisch, Spanisch, Italienisch, Russisch, Chinesisch und anderen. Aktuell liegt die OPD in der 3. Version, der OPD-3, vor (Arbeitskreis OPD, 2023).[1]

Die OPD basiert auf einem halbstrukturierten Interview und ermöglicht die reliable und valide Erfassung psychodynamischer Kernkonstrukte wie Beziehungsmuster, unbewusste Konflikte und strukturelles Funktionsniveau. In den letzten Jahren wurde die OPD für die Diagnostik im Bereich Coaching von Benecke, Kotte und Möller modifiziert und angewendet (Benecke u. Möller, 2013; Kotte et al., 2019).

Üblicherweise wird die Trennlinie zwischen Psychotherapie und Coaching über die Zielgruppe definiert. Die Krankenkassen übernehmen die Kosten für psychotherapeutische Behandlungen nur für Menschen, deren Symptomatik Krankheitswert aufweist (eben nicht bei Liebeskummer oder Konflikten am Arbeitsplatz). Im Coaching arbei-

---

1 Näheres zur Arbeitsgruppe OPD findet sich unter http://www.opd-online.net/ (Zugriff am 22.02.2023).

ten wir mit Führungskräften, Managerinnen[2] mit hochverantwortlichen Aufgaben, Menschen mit Steuerungsfunktionen oder Selbstständigen, die auf den ersten Blick vor seelischer Gesundheit nur so strotzen (zur Kontraindikation von Coaching s. Möller, 2016). Dass Gesundheit und Krankheit ein Kontinuum bilden, ist für Psychotherapeutinnen und Coaches eine Binsenweisheit. Moderne diagnostische Verfahren tragen dem Rechnung und wechseln von kategorialer zu prozessualer oder dimensionaler Beschreibung (Letzring et al., 2021). Zunehmend entdecken Arbeits- und Organisationspsychologen die dunkle Triade aus Narzissmus, Machiavellismus und Psychopathie (Dammann, 2007; Moshagen, Hilbig u. Zettler, 2018; Diller, Stadlinger, Eberhard u. Jonas, 2020). Forschungsarbeiten zu Menschen mit solchen Persönlichkeitsmerkmalen, zu deren beruflichem Erfolg und zum Schaden, den sie anrichten, häufen sich. Pathologien von Führungskräften scheint sich zu einem Boom-Thema zu entwickeln. So eindeutig seelisch funktional scheint die Arbeitswelt nun also doch nicht zu sein.

Unsere eigenen Untersuchungen im Rahmen der *Kasseler Coaching Studie*[3] zeichnen ein ähnliches Bild, abweichend von unseren Vorannahmen, die da lauteten: Unter den Klienten finden wir bezogen auf die basalen Konflikte (s. folgendes Kapitel) Menschen mit gut oder mäßig integrierten Strukturniveaus. In unserer explorativen Studie hatten Coaches mit Einverständnis ihrer Klientinnen die Möglichkeit, die Bandaufnahmen der ersten Coachingsitzung von klinisch erfahrenen OPD-Diagnostikerinnen einschätzen zu lassen. Häufiger als erwartet fanden sie ein Coachingklientel mit einem gering integrierten Strukturniveau, was einer schweren Beeinträchtigung der Persönlichkeitsfunktionen entspricht.

---

2 In diesem Buch wird die männliche und weibliche Schreibweise alternierend verwendet.
3 https://www.uni-kassel.de/fb01/institute/institut-fuer-psychologie/fachgebiete/theorie-und-methodik-der-beratung/kasseler-coaching-studie (Zugriff am 22.02.2023).

Und schon können wir die Welt der Psychopathologie wieder verlassen, denn es ist wenig verwunderlich, dass in der Arbeitswelt innerpsychische Konflikte zum Auslöser äußerer Konflikte werden und andersherum interpersonale Konfliktlagen in der Arbeitsgruppe, im Team innerpsychische Konflikte aktivieren können.

Während unserer Sozialisation erwerben wir Muster generalisierter Verhaltensbereitschaft: Die einen springen in jede Verantwortungsübernahme, die sich ihnen bietet, die anderen können bei der Verteilung von Aufgaben sehr gelassen sitzen bleiben. Dieses unterschiedliche Verhalten ist nicht das Ergebnis einer bewussten Entscheidung. Es ist nicht zufällig, wie arbeitsweltliche Themen erlebt werden, welche Vulnerabilitäten einzelne Personen haben, die in entsprechend stimulierenden Situationen immer wieder aktiviert werden, ohne dass dies den Klienten bewusst wäre und ohne dass sie diese aus eigener Willensanstrengung überwinden können. Über neurotische Fixierung sprach man früher, heute wird der Operationalisierten Psychodynamischen Diagnostik 3 (Arbeitskreis OPD, 2023) ein Diagnosesystem vorgelegt, mit dem sich auf verschiedenen Achsen psychisches Erleben, Muster der Beziehungsgestaltung, konflikthafte motivationale Lebensthemen und basale psychische Funktionen abbilden lassen – ohne notwendigerweise von einer Psychopathologie auszugehen. In den meisten Fällen stellen die mit der OPD diagnostizierten Aspekte Vulnerabilitäten dar. Und damit geben sie auch direkt Hinweise für individuelle Weiterentwicklungen.

1.2 OPD im Coaching

Im Bereich des Business-Coaching wurde von Kotte, Bick, Benecke und Möller (2019) eine auf diesen Bereich adaptierte Version der OPD entwickelt, die dabei helfen soll, motivationale Lebensthemen, also intrapsychische Konflikte der Klientinnen, zu identifizieren sowie deren basale psychische Fähigkeiten und ihre strukturellen Funktionen zu ermitteln, denen im Arbeitskontext eine besonders hohe Relevanz zukommt. Diese OPD-Version dient also dazu, Führungskräfte hinsichtlich ihrer primären psychodynamischen Konflikte zu untersuchen mit dem Ziel, ein Bewusstsein für diese Konfliktthemen zu schaffen und im Rahmen des Coachings bearbeitbar zu machen. Die Konfliktthemen gilt es bei der Zielfindung, der Ressourcenjagd, der Entwicklung ergebnisorientierter Selbstreflexionsfähigkeit im Coaching zu berücksichtigen. Sind die motivationalen Lebensthemen der Klienten identifiziert und mögliche Beeinträchtigungen ihrer basalen psychischen Fähigkeiten eingeschätzt, dann kann die Arbeit an den Stärken und Schwächen beginnen und es können funktionale Strategien erarbeitet werden, um die Stärken zu nutzen und die Schwächen auszugleichen (Kotte et al., 2019), selbst wenn wir es mit akzentuierten Persönlichkeitsstilen zu tun haben.

Es fehlt an Forschung zu innerpsychischen Konflikten von Klientinnen, dem Handling dieser im Coaching und der Einflussnahme von Coaches auf innerpsychische Konflikte. In der Coachingforschung gibt es bislang noch keine Einigkeit darüber, inwiefern die Persönlichkeit von Klienten und Coaches Einfluss auf die Coachingprozesse hat. Persönlichkeitsmerkmale, Motive und Haltungen gelten zwar als relevante Einflussvariablen auf der Inputseite (z. B. Ely, Boyce, Nelson, Hernez-Broom u. Whyman, 2010), doch sind ihre Effekte meist schwächer als erwartet. Analysen zum Stand empirischer Coachingforschung verweisen darauf, dass zu Coachmerkmalen und dem Klientinnenmerkmal Persönlichkeit als Einflussgröße noch erheblicher Forschungsbedarf besteht (Anthanasopoulou u. Dopson, 2018). Insgesamt liegen zur Inputseite nur verhältnismäßig wenige Studien vor (De Haan, 2019).

Alle Metaanalysen (Graßmann u. Schermuly, 2020) sind sich jedoch einig, dass der Arbeitsbeziehung im Coaching mit die größte Wirkmächtigkeit zukommt. So wird die Spezifik der basalen Lebensthemen auch die Coaching-Beziehung gestalten: den Kontakt durch Überangepasstheit verhindern, Insuffizienzgefühle in der Coach hinterlassen oder zu krisenhaften Inszenierungen führen. Durch szenisches Verstehen oder systematische Untersuchung der Übertragungs-Gegenübertragungs-Dynamik bekommen wir schnell eine Idee zum Selbsterleben der Klientin und wir ermitteln deren Objekterleben. Der Interaktionsstil zwischen Coach und Klient zeigt uns ganz unmittelbar die grundlegenden motivationalen Themen und die basalen psychischen Fähigkeiten der Klientinnen. Auf diese Weise kann der Coachingprozess passgenau und zielgerichtet angelegt werden:

► Welche motivationalen Themen stehen im Vordergrund?
► Welche Schwierigkeiten zeigen sich in der Interaktion meines Klienten mit anderen Menschen und welche Verhaltensweisen sind dafür verantwortlich?
► Welche Interventionen sind in diesem Coachingprozess möglich und angemessen, um die emotionalen Fähigkeiten der Führungskräfte weiterzuentwickeln?

Nachdem wir die eben beschriebene Neufassung des OPD-3 in Hinblick auf die Managementdiagnostik im nächsten Kapitel dargelegt haben, zeigen die folgenden Abschnitte auf, wie genau im Coaching mit den einzelnen Konfliktachsen gearbeitet werden kann. Wir wissen inzwischen alle, dass Coaching wirkt (Bozer u. Jones, 2018). Das zeigen verschiedene Metaanalysen (u. a. Theeboom, Beersma u. van Vianen, 2014). In der Coachingforschung stehen wir aber am Scheideweg: Nun geht es darum, die Prozessforschung zu stärken und der Frage nachzugehen, für wen welche Methodik die effizienteste ist. Einen Mosaikstein für den Weg zur Etablierung eines psychodynamisch-personalisierten Coachings soll dieser Band darstellen.

2 OPD-basierte Diagnostik im Coaching[4]

Im Folgenden wird eine Diagnosemöglichkeit im Coaching aufgezeigt, die in der psychodynamischen Theorie verankert ist. Die OPD-Diagnostik stellt unseres Erachtens ein hochgradig effektives Instrument für das Recruiting im Top-Management und für andere besonders persönlich und interaktional herausfordernde Tätigkeiten dar. Durch die OPD-basierte Diagnostik im Coaching lassen sich die jeweils dominanten (unbewussten) motivationalen Themen sowie ein Profil basaler psychischer Fähigkeiten der Führungskräfte herausarbeiten und damit die spezifischen Vulnerabilitäten ableiten. Eine Sensibilisierung der Führungskräfte für ihre jeweiligen Stärken aber auch Schwächen stellt eine Präventionsmaßnahme für die Managementpraxis dar und zeigt gleichzeitig wünschenswerte Entwicklungsrichtungen auf. Somit kann sie sowohl als Personalauswahlinstrument als auch als Ausgangsdiagnostik für Coachingprozesse verwandt werden. Weiß eine Führungskraft um ihre jeweilige psychische »Achillesferse«, kann sie typischen Konfliktkonstellationen, Leerstellen in der Führungsrolle und dysfunktionalen Elementen in der Mitarbeiterführung proaktiv entgegensteuern. So können fehlende Kompetenzen wie zum Beispiel eine nicht sonderlich ausgeprägte Empathiefähigkeit oder eine übergroße Furcht vor konflikthaften Auseinandersetzungen durch eine entsprechende Wahl von Stellvertretern kompensiert werden. Auch für die Zusammenstellung eines Teams ist die genaue Kenntnis der Persönlichkeitsstruktur der Führungskraft von Bedeutung – ist doch darauf zu achten, dass sich für den Aufgabenbereich nicht ausreichend

---

4   Entnommen aus Benecke und Möller (2019).

ausgeprägte Eigenschaften, Fähigkeiten, Fertigkeiten und Kompetenzen im Team der Mitarbeiterinnen wiederfinden. Wir setzen voraus, dass jede Führungskraft ihre Fehler, Mängel und Vulnerabilitäten hat. »Helden« ohne Defizite in Führungsfunktionen sind recht unwahrscheinlich, sodass die Achtsamkeit gegenüber eigenen Schwächen auf der einen Seite zur Gelassenheit der Führungskraft gegenüber der eigenen Rollenverkörperung führen kann. Eine reflexive Kompetenz, sich seiner eigenen Wirkung bewusst sein, eigene Gefühle wahrzunehmen und konstruktiv zu verarbeiten oder zu vermitteln, gilt als Königsweg der Selbstführung, Selbststeuerung und Selbstverantwortung. Auf der anderen Seite kann die *awareness* der eigenen Persönlichkeitsstruktur Ausstrahlung auf die Mitarbeitenden haben. Das Wissen um das spezifische »So-Sein« der Führungskraft kann zu einer Haltung des »good enough« (Winnicott, 1991) beitragen. Toleranz mit sich und anderen führt zu einem angemessenen Anspruchsniveau, lässt Zutrauen und Arbeitsfähigkeit der Mitarbeitenden wachsen. Die Haltung des *good enough* erweist sich oft als gangbarer Ausweg aus dem Heuchelei-Management (Meister-Scheytt u. Möller, 2006), gerade in narzisstisch anmutenden Organisationen und recht verbreiteten entsprechenden Verhaltensweisen im Management (Schneck, 2012).

Im Coaching für neu ernannte Führungskräfte bietet die OPD-basierte Diagnostik die Möglichkeit, Antworten auf beispielsweise die folgenden Fragen zu erhalten:

▸ Was sind meine (auch unbewussten) motivationalen Kernthemen?
▸ Passt die neue Tätigkeit zu meinem (auch unbewussten) motivationalen Profil?
▸ Warum sind mir bestimmte Dinge besonders wichtig?
▸ Warum reagiere ich in bestimmten Situationen besonders empfindlich?
▸ Was löse ich bei anderen Organisationsmitgliedern aus?
▸ Wie lauten meine persönlichen Entwicklungsfelder?
▸ Mit welchen unveränderbaren Persönlichkeitsaspekten müssen ich und meine Umwelt leben und wie kann ich Fehlendes konstruktiv kompensieren?

Ähnliches gilt für die langjährig in einem Unternehmen tätigen Klientinnen, die immer wieder mit nahverwandten persönlichen Herausforderungen konfrontiert sind. Die OPD-basierte Diagnostik liefert hier gleichsam den Fahrplan für die Beratungsarchitektur im Coachingprozess. Bisher wurde die OPD-basierte Diagnostik in Personalauswahlprozessen sowie bei der Personalentwicklung und Eingangsdiagnostik von Coachingprozessen eingesetzt.

2.1 Zur Entstehung des Instruments

Der Arbeitskreis Operationalisierte Psychodynamische Diagnostik legte erstmals 1996 ein ausgearbeitetes Manual zur Diagnostik zentraler psychodynamischer Dimensionen vor – 2006 erschien eine gründliche Überarbeitung, die OPD-2 (Arbeitskreis OPD, 2006, 2014), 2023 die nochmalig überarbeitete und erweiterte Version, die OPD-3 (Arbeitskreis OPD, 2023). Die OPD wurde zwar für die Diagnostik im Bereich psychischer Störungen entwickelt und findet hier ihr Hauptanwendungsfeld. Da aber die mit der OPD erfassten Dimensionen dem Erleben und Verhalten generell zugrunde liegen, kann sie auch für diagnostische Zwecke in anderen Lebensbereichen eingesetzt werden. Insbesondere im beruflichen Umfeld manifestieren sich zentrale psychodynamische Prozesse bzw. werden das Erleben und Verhalten von diesen zumeist unbewussten psychischen Dimensionen stark geprägt (s. a. Lohmer u. Möller, 2014; Giernalczyk u. Möller, 2018).

Die drei psychodynamischen Kerndimensionen der OPD sind:

▶ Beziehungsmuster,
▶ unbewusste Konflikte,
▶ strukturelle Integration (Arbeitskreis OPD, 2023).

Diese drei Dimensionen sollen hier kurz erläutert werden (s. a. Benecke, 2014; Benecke u. Brauner, 2017).

2.2 Beziehungsmuster

Freud beschrieb *Nachbildungen* und *Neubildungen* vergangener Beziehungserfahrungen als wesentliches Element bei der Gestaltung aktueller Beziehungen (Freud 1916/1917, S. 205). Die Beschreibungen repetitiver Beziehungsmuster laufen unter verschiedensten Begriffen: So spricht Freud (1912) von »Klischees«, Lorenzer (1970) von »szenischen Mustern«, Bowlby (1973) von »inneren Arbeitsmodellen«, Grawe (1987) von »Schemata«, Luborsky (1995) von »core conflictual relationship themes«, Stern (1992) von »RIGs« (»Representations of Interactions that have been Generalized«). Die Bedeutung dieser Konzepte ist nicht deckungsgleich – das ihnen Gemeinsame besteht in der starken Wirkungsmacht, die man ihnen zuschreibt und mit der sie das Erleben und interaktive Verhalten wiederholend und in spezifischer Weise beeinflussen.

Die Arbeitsgruppe OPD definiert die maladaptiven Beziehungsmuster, die für manche Konfliktkonstellationen, für berufliches Scheitern und chronische Verwicklungen am Arbeitsplatz verantwortlich gemacht werden können, so:

> »Beziehungsverhalten verstehen wir als Ausdruck der Dynamik zwischen mehr oder weniger bewussten Beziehungswünschen, den damit verbundenen intrapsychisch wirksam werdenden Ängsten von Patient:innen [bzw. Klient:innen] sowie den Befürchtungen, wie das Gegenüber auf die Wünsche reagieren könnte. Es ist ebenfalls bestimmt durch die jeweilige Struktur im Sinne des ›psychischen Handwerkszeugs‹, das die Fähigkeit zu einer integrierten und flexiblen Beziehungsgestaltung bedingt« (Arbeitskreis OPD, 2023, S. 82).

Diese Beziehungsmuster haben ihren Ursprung in verinnerlichten Erfahrungen und deren psychischer Verarbeitung. Um eine Person verstehen zu können, ist in dieser Perspektive die individuelle Beschaffenheit der jeweiligen *Repräsentanzenwelt* entscheidend: Welches Bild existiert vom Selbst, welches Bild existiert vom anderen, welche Affekte sind mit diesen inneren Bildern verknüpft? Alle diese Elemente haben unbewusste Anteile. Die psychischen Repräsentanzen bestimmen die Wahrnehmung, die Interpretation, die inneren Schlussfolgerungen und Erwartungen und schließlich auch das Verhalten. Das habituelle Beziehungsverhalten stellt häufig einen kompromisshaften Lösungsversuch eines zugrundeliegenden Konfliktes dar. Die Repräsentanzen bilden auch die Basis für die sogenannte *Übertragung*. Wie eben dargestellt, wird die Wahrnehmung von realen anderen Personen immer auch beeinflusst von unbewussten Repräsentanzen, die als Schablonen fungieren. Für das Unbewusste ist das aktuelle Gegenüber keine *reale Person*, sondern eine *innere Figur*. Durch die Übertragung der inneren Repräsentanzen auf die Wahrnehmung von aktuellen Interaktionspartnern wird eine »Wahrnehmungsidentität« (Freud) zwischen innen und außen hergestellt. Beziehungsverhalten ist daher im Kontext früherer Erfahrungen des Einzelnen zu sehen (Ogden, 1995). Mittlerweile liegen etliche Untersuchungen vor, die die Existenz von *Übertragungsphänomenen* empirisch belegen (z. B. Mallinckrodt u. Chen, 2004; Markin u. Kivlighan, 2008).

Auch zum Pendant der Übertragung, der *Gegenübertragung,* finden sich empirische Studien (z. B. Martin, Buchheim, Berger u. Strauß, 2007). Als Gegenübertragung werden die innerpsychischen Reaktionen (Emotionen, Phantasien und Handlungsimpulse) auf ein Gegenüber verstanden. Die reale Umsetzung dieser Handlungsimpulse ins Verhalten wird als *Gegenübertragungsagieren* bezeichnet. Gegenübertragungsphänomene sollten im Coaching zunächst einmal wahrgenommen werden. Im zweiten Schritt gilt es, sie theoriegeleitet zu verstehen, um dann im dritten Schritt bewusst zu entscheiden, ob sie in geeigneter Form in den Coachingprozess aufgenommen werden können (*»Ich stelle Ihnen mal einen Eindruck von mir zur Verfügung, können Sie damit etwas anfangen, hilft Ihnen das weiter?«).* Auch Coaches übertragen unter Umständen eigene unbewusste Konflikte auf ihre Klientinnen. Die Unterscheidung zwischen eigenen Übertragungen der Coaches und Gegenübertragungsphänomenen ist nicht trivial. Sie setzt voraus, dass Coaches sich gut kennen und in ihren Weiterbildungen ein hohes Maß an Selbstreflexionskompetenz erworben haben. Gelingt sie nicht so leicht, lässt sich im Anschluss an eine Coachingstunde recht gut mit beiden Varianten weiterdenken: a) *»Was wäre, wenn mein Empfinden eine Resonanz auf die innere Welt meines Klienten ist?«* b) *»Was bedeutete es, wenn ich meine noch nicht gelösten Konflikte in dieser Interaktion aktualisiert hätte?«*

Eine wichtige Erweiterung zum Verständnis der Gegenübertragung im Coaching ist die von Racker (2017) getroffene Unterscheidung zwischen komplementärer und konkordanter Gegenübertragung. Im konkordanten Gegenübertragungsmodus identifiziert sich die Coach mit den Klienten und ihrer aktuellen oder vergangenen schwierigen Arbeitssituation; im komplementären Gegenübertragungsmodus hingegen identifiziert sie sich mit den signifikanten Interaktionspartnern in ihrer aktuellen Lebens- und Arbeitswelt.

Der Arbeitskreis OPD (2006; 2023) stellt ein einfaches Schema zur Erfassung von dysfunktionalen Beziehungsmustern vor, indem vier Perspektiven des Beziehungserlebens *(Wer erlebt wen wie?)* unterschieden werden, hier übertragen auf die Klientinnen:

Tabelle 1: Perspektiven des Beziehungserlebens nach Arbeitskreis OPD (2006, modifiziert)

		Wer »handelt«?	
		Klient:in	Andere
Wer erlebt?	Klient:in	Perspektive A: *Klient:in erlebt sich …*	Perspektive B: *Klient:in erlebt andere …*
	Andere	Perspektive C: *Andere erleben Klient:in …*	Perspektive D: *Andere erleben sich gegenüber Klient:in …*

Während die beiden Erlebensperspektiven A und B *(Klient:in erlebt sich …, Klient:in erlebt andere …)* dem Klienten bewusst zugänglich sind, ist das bei C und D *(Andere erleben den:die Klient:in …, Andere erleben sich gegenüber dem:der Klient:in …)* nicht unbedingt der Fall.

So besteht nicht selten eine Diskrepanz zwischen dem, wie sich die Klientin selbst erlebt (A), und dem, wie andere sie erleben (C). In der Wahrnehmung und Interpretation der Handlungen anderer durch den Klienten (B) spiegelt sich die *Übertragung*: Der Klient interpretiert das Verhalten anderer gemäß seiner inneren Repräsentanzen. Die Handlungsimpulse anderer der Klientin gegenüber (D) können als *Gegenübertragung* interpretiert werden – manifestieren sich diese Impulse auf der Verhaltensebene (und sei es sehr subtil), so führt dies bei der Klientin meist zu einer (unbewussten) *Bestätigung* der in ihren Repräsentanzen verankerten Beziehungserwartungen.

Zum »Füllen« der Perspektiven, also zur Benennung der Verhaltensweisen, hat der Arbeitskreis OPD eine eigene Beziehungsverhaltens-Itemliste vorgelegt. In der praktischen Anwendung sind aber Verhaltensformulierungen in allgemeiner Alltagssprache vollkommen ausreichend.

Beispiel: Der Klient erlebt sich vornehmlich so, dass er sich um andere kümmert, sich sehr für andere einsetzt. Andere erleben den Klienten aber auch so, dass er hohe Ansprüche stellt, sehr kontrollierend und manchmal entwertend ist. Die anderen ziehen sich daraufhin zurück und schotten sich ab, was der Klient so erlebt, dass die anderen ihn und seine Bemühungen ignorieren und nicht wertschätzen. Dies »beantwortet« der Klient mit noch größerem Einsatz, aber auch mit noch mehr unterschwelliger Kontrolle und Entwertung. Ein Verstehen solcher interpersoneller Teufelskreise stellt meist schon einen bedeutsamen Gewinn in Coachingprozessen dar, ist aus psychodynamischer Sicht aber noch relativ an der Oberfläche.

2.3 Basale motivationale Themen und unbewusste Konflikte

In der psychodynamischen Theorie spielen unbewusste Konflikte eine zentrale Rolle:

> »Der Konflikt ist also zu Beginn ein äußerer (d.h. in der frühen Lebensgeschichte begründet) und wird im Lauf der Entwicklung

verinnerlicht und zu einem innerseelischen Konflikt, der dann das psychische Geschehen oft so stark und nachhaltig beeinflusst, dass der innere Konflikt leicht durch äußere situative Faktoren aktiviert werden kann und daher beständig bewältigt werden muss. Werden diese inneren Konflikte zu stark (in Relation zu den Bewältigungsmöglichkeiten) aktiviert, führt dies sehr häufig zu Symptomen« (Arbeitskreis OPD, 2023, S. 107).

Es wird von basalen motivationalen Themen ausgegangen, die im Laufe der Entwicklung für jeden Menschen Bedeutsamkeit haben. Unter günstigen Entwicklungsbedingungen stellt sich eine Selbstverständlichkeit des inneren und äußeren Umgangs mit diesen motivationalen Themen ein, sodass basale Bedürfnisse erfüllt, aber auch zurückgestellt werden können und es nicht zur Entwicklung unbewusster Konflikte kommt. Werden die basalen Bedürfnisse, wie zum Beispiel nach Bindung oder nach Selbstwirksamkeit, in der frühen Entwicklung nicht hinreichend erfüllt, so verbleiben diese Motivsysteme meist in einer dauerhaften Aktivierung und sind mit Affekten verknüpft. Sie werden zum Kern unbewusster Konflikte: Sowohl das persistierende Bedürfnis als auch die damit verknüpften (meist schwer erträglichen) Affekte werden aus dem Bewusstsein verbannt. Letzteres gelingt durch sogenannte Lösungsmodi, also relativ festgelegte Erlebens- und Verhaltensmuster. Für jeden dieser Konflikte werden ein *aktiver* und ein *passiver* Verarbeitungs- bzw. Lösungsmodus formuliert. Die Lösungsmodi beschreiben typische *Bewältigungsformen* des jeweiligen unbewussten Konflikts. Bei gelungener Entwicklung sind die motivationalen Themen durch ein *Können aber nicht Müssen* gekennzeichnet, zum Beispiel: »Ich kann mit anderen konkurrieren, muss es aber nicht (andauernd)«. Im Falle eines dominanten unbewussten Konfliktes sind die Bewältigungsmuster durch ein *Müssen* oder *nicht Können* gekennzeichnet, zum Beispiel *immer und überall in Konkurrenz gehen müssen* oder *Konkurrenz vermeiden*.

Für die Diagnostik von Führungskräften wurde die Liste der basalen motivationalen Themen etwas umformuliert. Folglich sind zu jedem motivationalen Thema drei Beispiele zur Illustration angegeben, wobei der jeweils erste Satz den *integrierten Modus* widerspiegelt (wenn also keine Probleme mit diesem motivationalen Thema bestehen), der zweite den *passiven* und der dritte den *aktiven Modus*.

Bindung/Autonomie

Die Motivsysteme der Bindung und der Autonomie haben eine existentielle Bedeutung im Leben jedes Menschen. Bei gelungener Entwicklung ist der Mensch in der Lage, beide Motive psychisch zu integrieren und erlebt diese nicht als Widerspruch: Die Person kann enge, emotionale nahe und tiefe Beziehungen eingehen und sich *gleichzeitig* als abgegrenztes, eigenständiges Individuum erleben; weder Alleinsein noch In-Beziehung-Sein löst (unbewusste) Ängste aus. Ein lebensbestimmender Konflikt besteht dann, wenn diese grundlegende bipolare Spannung in eine konflikthafte Polarisierung gerät; in der dysfunktionalen Konfliktversion *muss* die Person in einer engen Beziehung sein (passiver Modus) bzw. *muss* sie forciert autonom und unabhängig sein (aktiver Modus), jeweils erlebt als eine existentielle Notwendigkeit.

Im *passiven Modus* ist die Person sehr darauf angewiesen, von den Mitarbeitenden und Führungskräften gemocht zu werden. So lösen zum Beispiel Kündigungen von Mitarbeitenden vor allem Selbstzweifel aus, die Suche nach Fehlern in der Führungspraxis beginnt in einem übersteigerten Maß. Verantwortung und Eigenständigkeit der Interaktionspartnerinnen zu fordern, wird vermieden, stattdessen findet eine Unterordnung unter die Wünsche und Interessen der anderen Organisationsmitglieder statt, verbunden mit Verleugnung, Bagatellisierung oder Rationalisierung von Konflikten in diesen Beziehungen.

Im *aktiven Modus* findet sich eine übersteigerte emotionale und existentielle Unabhängigkeit, ein Kampf um Eigenständigkeit und Unabhängigkeit. Es bestehen eine Selbstwahrnehmung von großer Stärke und ein Nichtangewiesensein auf andere. Abgewehrt werden eigene Bedürfnisse nach Anlehnung und Nähe, die mit existentieller Angst vor Vereinnahmung, Verschmelzung und Verlust der Autonomie verbunden sind. Ein Beispiel ist eine neu ernannte Führungskraft, die als erste Maßnahme alle strategischen Entscheidungen der Vorgängerin in Frage stellt, deren engste Mitarbeiter entlässt und die Organisation in heftigem Aktionismus umstrukturiert. Sie nimmt sich keine Zeit, nach den erhaltenswerten Aspekten der Arbeit der Vorgängerin zu suchen oder sich Gedanken um sinnvolle Kontinuitäten zu machen; die entscheidende Botschaft lautet: »Ich bin anders!«

Kernsätze zum motivationalen Thema BINDUNG/AUTONOMIE

integrierter Modus:	*Ich kann emotional bedeutsame Bindungen eingehen und mich gleichzeitig als eigenständig erleben*
passiver Modus:	*Ich bin auf emotionale Bindung existenziell angewiesen, Autonomie verunsichert mich*
aktiver Modus:	*Ich kann keine emotional engen Bindungen eingehen; muss meine Autonomie um jeden Preis verteidigen*

Selbstwirksamkeit

Ein Mindestmaß an Kontrolle über die wichtigsten Belange der eigenen Umwelt ist ein zentrales Motiv. Psychologisch wird dies als *Selbstwirksamkeit* beschrieben. Bei gelungener Entwicklung hat eine Person ein sicher verankertes Selbstwirksamkeitserleben und kann auf dieser Basis situativ angemessen sowohl Kontrolle ausüben als auch Kontrolle abgeben und sich unterordnen (ohne das als Unterwerfung zu erleben).

Bei nicht gelungener Entwicklung besteht die innere Gefahr von Gefühlen der Hilflosigkeit. Typische Auswege werden durch den aktiven und passiven Modus beschrieben: Durch aggressives Dominanzstreben (aktiver Modus) wird versucht, die Kontrolle niemals abzugeben, um jegliche Hilflosigkeit auszuschließen; eine habituelle Unterwerfung (passiver Modus) erreicht die Abwehr der Hilflosigkeit durch indirekte Kontrolle über »die Mächtigen«.

Im *passiven Modus* dominiert der Typus der passiv-aggressiven Unterwerfung. Es besteht eine Selbstwahrnehmung von Ohnmacht und Einflusslosigkeit (»die Oberen bestimmen alles«), man muss das »Bestimmtwerden« ertragen, sich der »Willkür der Mächtigen« beugen und sich fügen. Den damit verbundenen Affekten von Ohnmacht wird durch passiv-aggressives Verhalten (Trödeln, Verzögern, passives Unterlaufen von Anforderungen) und durch »Pochen« auf unumstößliche Regeln begegnet. Im nur scheinbaren Sich-Fügen und in der genauen Registrierung des »Tickens« der »Bestimmenden« wird ein erhebliches Maß an Kontrolle erreicht. Das Verharren in der untergeordneten Position ist zudem ein Schutz gegen das Durchbrechen von lebenslang angestauten Rachegelüsten (»Dann gnade euch Gott!«). Im Gegenüber löst das unterwürfige und zugleich unterschwellig aggressive Verhalten meist schnell Verärgerung aus.

Im *aktiven Modus* findet sich typischerweise ein aggressives Dominanzstreben mit dem Versuch, andauernde Kontrolle über andere und Situationen zu erlangen. Das Macht- und Dominanzstreben dient der Abwehr der Angst, von anderen bestimmt zu werden und in Hilflosigkeitszustände zu geraten. Beruflich und privat werden leitende Positionen angestrebt; hohe Leistungsbereitschaft sichert die Kontrolle. Die leicht auslösbare Wut dient ebenfalls dem Schutz vor Ohnmachtsempfindungen. Auch konstruktive Kritik, abweichende Vorschläge und Eigenständigkeit anderer stellen eine Bedrohung dar und aktivieren die Angst vor Fremdbestimmtheit, sodass es interaktiv schnell zu »Machtkämpfen« kommt. Chaos in Veränderungsprozessen macht den Betroffenen Angst. Diese Führungskräfte zeigen ein hohes Maß an Perfektionismus und kaum Spontaneität. Der Autonomie der Mitarbeitenden wird wenig Raum gelassen. Sie lassen Arbeitsprozesse nicht gern laufen und verhindern damit, dass neue Dinge entstehen können. Fehler werden nicht gern zugegeben.

Bedürfnisse nach Versorgung und emotionaler Geborgenheit sind eine motivationale Grundthematik menschlicher Existenz; gewissermaßen korrespondierend dazu können die Bereitschaft und das Motiv zur Fürsorge und »Brutpflege« gesehen werden (Bischof, 2009). Bei einer gelungenen Entwicklung haben Geben und Nehmen eine innere Selbstverständlichkeit und Ausgewogenheit ohne ständige Befürchtung, zu wenig zu bekommen oder zu viel zu verlangen. Unausgewogene lebensgeschichtliche Erfahrungen in diesen Bereichen führen zu einem inneren Persistieren der dringenden Wünsche, bis hin zu unbewusster »Gier«.

Im *passiven Modus* wird versucht, das innere Mangelgefühl durch enge Bindung an vorsorgende und Geborgenheit gebende Mitarbeitende zu kompensieren. Die Beziehungsgestaltung kann mit den Begriffen »dependent and demanding« beschrieben werden. Das innere Mangelgefühl wird häufig von Neid auf andere begleitet. Als Führungskräfte fordern entsprechende Persönlichkeiten viel von anderen, sind aber nicht bereit, die Leistung der anderen anzuerkennen, da sie unbewusst fürchten, dass sie dann wieder zu kurz kommen. Auf die anspruchliche (bis »erpresserische«) Beziehungsgestaltung reagieren andere häufig abwehrend und mit Rückzug.

Der *aktive Modus* ist gekennzeichnet durch Selbstgenügsamkeit, Anspruchslosigkeit und Bescheidenheit (»Ich brauche nichts«), was als *altruistische Grundhaltung* in Erscheinung tritt. Im bewussten Erleben dominiert die Sorge um andere. Dahinter sind die eigene, abgewehrte Bedürftigkeit und der Neid (»Ich mache so viel und bekomme nichts«) meist spürbar. Eigene Ansprüche zu stellen ist unmöglich und schon der Gedanke daran löst Schuld-Angst aus. Die intensive, selbstgenügsame und aufopfernde Fürsorge anderen gegenüber erlaubt so zumindest eine stellvertretende *Erfüllung* der eigenen Bedürftigkeit *(altruistische Abtretung)*. Der Wunsch »Irgendwann wird es mir vergolten« bleibt unbewusst immer spürbar. Diese Menschen arbeiten bis zur Erschöpfung und sind in der Gefahr des Burnouts. Ihre unbewusste Berufsmotivation haben sie oft nicht durchgearbeitet.

Kernsätze zum motivationalen Thema VERSORGUNG/AUTARKIE

integrierter Modus:	*Ich kann geben und nehmen*
passiver Modus:	*Ich bin bedürftig und brauche viel von anderen*
aktiver Modus:	*Ich brauche nichts für mich selbst und gebe alles für andere*

Selbstwert

Jeder Mensch ist auf Entwicklung und Aufrechterhaltung seines Selbstwertgefühls bedacht. Der erlebte Selbstwert spiegelt die Distanz zwischen dem eigenen Ideal (Ideal-Selbst: »So will ich, so sollte ich sein«) und der Einschätzung über den Ist-Zustand des Selbst (Real-Selbst: »So bin ich«) wider; eine akzeptable Distanz zwischen Ideal- und Real-Selbst ist eine Grundvoraussetzung für psychisches Wohlbefinden. Bei gelungener Entwicklung besteht eine innere Selbstverständlichkeit und Ausgewogenheit darin, sich selbst und anderen eine Wertigkeit zuzumessen wie auch sich selbst und andere infrage stellen zu können. Gelingt diese Entwicklung nicht, besteht innerlich ein Minderwertigkeitserleben, verbunden mit massiver und leicht aktivierbarer Scham, sodass die »Wert«-Frage bzw. deren Bewältigungsversuche das psychische Geschehen dominieren.

Im *passiven Modus* wird die Minderwertigkeit erlebt und manchmal regelrecht vor sich hergetragen. Es besteht eine Überzeugung vom eigenen Unvermögen, der Unattraktivität, vom Liebesunwert und vielem anderen mehr. Die damit verbundene massive Scham wird durch den Versuch reguliert, den (meist völlig überzogenen inneren) eigenen Idealvorstellungen zu entsprechen, womit jegliche Aussicht auf Entwicklung aufgegeben wird. In stetigen Vergleichsprozessen mit anderen schneidet die Person in den eigenen Augen immer schlecht ab.

Im *aktiven Modus* imponiert eine forcierte Selbstsicherheit der Person gegenüber anderen als Versuch zur Bewältigung des eigenen Minderwertigkeitserlebens. Die Person kann auf den ersten Blick selbstsicher wirken, die hintergründige Unsicherheit wird jedoch bald wahrgenommen (pseudo-selbstsicher). Die Brüchigkeit der Selbstwertregulation wird auch in der sehr leichten Kränkbarkeit deutlich, was sich dann häufig in Gereiztheit oder narzisstischer Wut äußert. Das Verhalten in allen Lebensbereichen dient der Kompensation des brüchigen Selbstwertgefühls. Da andere überwiegend entwertet werden, reagieren diese Persönlichkeiten je nach Typus regelmäßig mit Aggression oder depressiver Verstimmung und eigenem reduziertem Selbstwert.

Kernsätze zum motivationalen Thema SELBSTWERT	
integrierter Modus:	*Mein Wert als Mensch steht niemals grundsätzlich in Frage*
passiver Modus:	*Ich bin weniger wert als andere*
aktiver Modus:	*Ich bin mehr wert als andere*

Verantwortung

Das Bedürfnis nach Gerechtigkeit und damit gerechter Zuschreibung von Verantwortung ist eine zentrale menschliche Motivation. Bei gelungener Entwicklung ist eine Person bereit und in der Lage, die Verantwortung zu übernehmen, wenn sie für das Zustandekommen von Missständen mitverantwortlich ist und kann sie zurückweisen, wenn sie dies nicht ist. Problematische Entwicklungen führen dazu, dass sich eine Person entweder für alle Missstände verantwortlich und somit schuldig fühlt, auch wenn sie gar nichts dafür kann (passiver

Modus), oder andererseits, dass habituell jegliche Verantwortung weit von sich gewiesen wird (»Den Schuh lasse ich mir nicht anziehen«), auch wenn die verantwortliche Beteiligung am Zustandekommen von Missständen oder Fehlern eindeutig ist (aktiver Modus).

Im *passiven Modus* besteht eine Tendenz, sich in deutlich übertriebenem Maße für Dinge verantwortlich zu fühlen, während für andere immer rasch Entschuldigungen gefunden werden. Lob oder Entschuldigung durch andere können paradox vermehrte Selbstkritik und Selbstbeschuldigung auslösen.

Im *aktiven Modus* werden Verantwortung und Schuldgefühle typischerweise auf andere abgewälzt. Es besteht eine unbewusst intendierte *Blockierung*, Schuldgefühle bei sich erleben und zulassen zu können. Bei oberflächlicher Betrachtung wirken diese Menschen, als ob sie bereit wären, »eiskalt« ihre Vorteile zu verfolgen und »ohne Rücksicht auf Schuld und Verantwortung« nach Macht zu streben. Es tritt häufig Ärger auf andere oder eine zynische Haltung anderen gegenüber auf. Bei gleichzeitig vorliegenden Beeinträchtigungen im Bereich der basalen psychischen Fähigkeiten (s. u.) zeigen sich meist deutliche antisoziale Züge.

Kernsätze zum motivationalen Thema VERANTWORTUNG

integrierter Modus:	*Ich kann Verantwortung übernehmen aber auch abgeben*
passiver Modus:	*Ich fühle mich für alles verantwortlich/ schuldig*
aktiver Modus:	*Mich trifft keine Schuld – andere sind verantwortlich*

Konkurrenz

Das Bedürfnis, Aufmerksamkeit und Anerkennung als Frau oder Mann zu gewinnen, ist zusammen mit dem körperlich-sinnlichen Genuss und sexueller Erregung eine grundlegende Motivation. Aus psychodynamischer Perspektive ist hier die ödipale Konstellation von Bedeutung, die die reale oder phantasierte Präsenz von drei Personen voraussetzt (Triangulierung), die sich in einem Spannungsfeld von Anerkennung (als Frau oder Mann), Rivalität und Erotik befinden. Die Grundlage der heutigen Sicht auf den ödipalen Konflikt liefert die frühe Beschreibung des Ödipuskomplexes in seiner Verarbeitung durch Freud. Er beschreibt, dass sich das libidinöse Begehren des Kindes in der ödipalen Phase jeweils auf das gegengeschlechtliche Elternteil bezieht und sich gleichzeitig Neid- und Eifersuchtsgefühle gegenüber dem gleichgeschlechtlichen Elternteil entwickeln. Damit rivalisiert das Kind mit dem gleichgeschlechtlichen Elternteil um die Gunst und libidinöse Zuwendung des gegengeschlechtlichen Elternteils (Freud, 1940/2014). Für eine vollständige Überwindung des Ödipuskomplexes, so Freud, muss dem Kind eine wechselnde Identifikation mit Vater und Mutter gelingen, was letztlich eine gesunde sexuelle Entwicklung, eine sichere Identität und die Fähigkeit zur Triangulierung zur Folge hat (Freud, 1933/2020). Wird diese Entwicklung gestört oder ist sie unvollständig, so kann keine reife Triade zwischen beiden Elternteilen und dem Kind entstehen, die eine Anerkennung der Beziehung der Eltern untereinander und der eigenen Beziehung zu den Eltern beinhaltet. Folgen wir Bion (1961), ermöglichen unterschiedliche Identifikationen und damit Perspektivübernahmen den Kindern das triadische Denken. Die dritte Position ermöglicht die Symbolisierung. Die Entwicklung starken Konkurrenz- und Rivalitätsverhaltens im subklinischen Bereich wird unter anderem darauf zurückgeführt, dass die ödipale Niederlage, die Anerkennung des Ausgeschlossenseins aus der elterlichen Dyade, nicht angemessen verarbeitet ist und damit Wiederholungszwänge angelegt sind, die einer erfolgreichen beruflichen Laufbahn im Wege stehen. Bei gelungener Entwicklung *(integrierter Modus)* bestehen Fähigkeit zur Triangulierung, Klarheit über die Generationsgrenzen, Sicherheit bezüglich des eigenen Frau- bzw. Mannseins und der dazugehörigen (sexuellen) Attraktivität, ungezwungener und genussvoller Umgang mit Erotik und Sexualität (weder forciert noch gehemmt) sowie mit Aufmerksamkeit (wird weder besonders gesucht noch vermieden), ebenso eine ungezwungene Fähigkeit zum Rivalisieren (weder forciert noch vermieden). Im *passiven Modus* dominieren Züge von grauer Maus, Harmlosigkeit, Kindlichkeit und Naivität. Es besteht eine Tendenz, jegliches Konkurrieren auch im beruflichen Kontext zu vermeiden, weshalb wir diesen Typus unter Führungskräften eher selten finden. Für Personen im *aktiven Modus* wiederum liegt in der Konkurrenz ein besonderer Reiz, der ständig gesucht werden muss.

Kernsätze zum motivationalen Thema KONKURRENZ

integrierter Modus:	*Ich kann mit anderen konkurrieren, wenn es sein muss*
passiver Modus:	*Ich gehe Rivalitäten aus dem Weg*
aktiver Modus:	*Ich lege es darauf an, mit anderen in Konkurrenz zu gehen*

Identität

Dem Streben nach Bildung einer Identität wird eine starke motivationale Komponente zugesprochen. Bei einer gelungenen Entwicklung bestehen eine hinreichende Kontinuität und Kohäsion im Selbstbild, unterschiedliche Selbstaspekte sind zu einem Ganzen integriert und dieses Bild ist im Kern über die Zeit stabil, was insgesamt zu einem Gefühl des Wohlbefindens und der Sicherheit führt. Eine Person kann durchaus verschiedene Identitäten aufweisen (z. B. Geschlechtsidentität, Identität als Vater, religiöse Identität, soziale Identität, Familienidentität, nationale und ethnische usw.), die im konfliktfreien Fall aber als kohärente und kontinuierliche Selbstidentität mit einer inneren Verbindung, einem verbindenden Kern erlebt werden.

Eine Identitätsdissonanz ist dann gegeben, wenn dieser Integrationsprozess nicht vollständig gelungen ist und daher umschriebene Selbstrepräsentanzen (Teilidentitäten) in Widerspruch zueinander geraten, was mit Unsicherheits- und Unlustgefühlen verbunden ist. Diese umschriebenen Dissonanz-Konflikte sind nicht ausschließlich unbewusst, sondern häufig vorbewusst oder auch bewusst. Auf diese Weise in Konflikt geraten können zum Beispiel die Identitäten als Vater eines Kindes und als Sohn eines Vaters, die Herkunft aus einer auswärtigen Familie und der Wunsch, integriert zu sein (national dazugehören), der Wunsch, (auf männliche Weise) erfolgreich zu sein und weiblich zu bleiben oder ein sozialer Aufstieg mit Übernahme neuer Identität in Widerstreit mit Loyalität zu sozialer Herkunft und Verbundenheit.[5]

Im *passiven Modus* wird der unlustvollen Spannung, die zwischen den Teilidentitäten besteht, mit einem Gefühl des Identitätsmangels begegnet (»Wer bin ich eigentlich?«, »Wo gehöre ich hin?«), und die Konfrontation mit (Lebens-)Situationen, die die eigene Identitätsunsicherheit ins Erleben bringen, wird stark vermieden.

Im *aktiven Modus* besteht eine generelle Tendenz, die Unsicherheit in der eigenen Identität bzw. die Identitätsdissonanzen aktiv zu überspielen, indem sich forciert eine »schlüssige« Identität »zugelegt« wird (z. B. die Konstruktion eines Familienromans, phantasierte Abstammung und geliehene Identitäten).

Kernsätze zum motivationalen Thema IDENTITÄT

integrierter Modus:	*Ich weiß, wer ich bin; mein Gefühl für mich selbst ist stabil*
passiver Modus:	*Wer ich eigentlich wirklich bin, ist mir oft nicht so klar*
aktiver Modus:	*Das, was ich habe und tue, gibt mir ein klares Gefühl in Bezug darauf, wer ich bin*

---

5 Nicht gemeint sind hier die zunehmend verbreiteten inneren und äußeren Konflikte, wie sie allen Menschen widerfahren (z. B. im Rahmen von Migration, etwa ein Moslem in einer westlichen Gesellschaft) und die auf überwiegend realen Widersprüchen im sozialen Lebensgefüge beruhen.

Im Kern bestehen psychodynamische Konflikte in mit negativen Affekten verknüpften Motiven. Der Regulierungsbedarf entsteht aufgrund der Affekte, und die Konflikt-»Lösungen« versuchen, diese konflikthaften Affekte zu vermeiden bzw. handhabbar zu machen. Diese »Lösungen« werden schließlich konstituierend für die individuelle Persönlichkeit und prägen das Erleben und Verhalten in verschiedenen Lebensbereichen.

2.4 Psychische Basisfähigkeiten (strukturelle Funktionen)

Die psychische Struktur soll die *Aufrechterhaltung* eines *inneren Gleichgewichts* (gewisses Wohlbefinden, Selbstwertgefühl) sichern sowie die Gestaltung der *Beziehungen hinreichend befriedigend* ermöglichen (Letzteres für das Individuum wie für das Gegenüber).

Dazu bedarf es bestimmter Funktionen, die als *basale psychische Fähigkeiten* verstanden werden können. Die in der OPD beschriebenen basalen Fähigkeiten gliedern sich in vier Bereiche, die jeweils einen Innenbezug (nach innen auf das Selbst gerichtet) und einen Außenbezug (nach außen auf die Objektwelt gerichtet) haben, sowie in den Bereich der Abwehr, für den diese Aufteilung in Innen- und Außenbezug nicht erfolgt, sodass sich neun Strukturdimensionen ergeben. Jede Dimension ist wiederum durch drei Strukturaspekte oder -items gekennzeichnet; dabei werden vier *Integrationsniveaus* der psychischen Struktur unterschieden, die hier in ihrer Kurzcharakterisierung widergegeben werden:

Tabelle 2: Kurzcharakterisierung der Strukturniveaus laut OPD-3 (Arbeitskreis OPD 2023, S. 201, modifiziert)

1	gut integriert	stabiles Vorhandensein der basalen psychischen Fähigkeiten, die auch unter Belastung zur Verfügung stehen
1,5		

2	mäßig integriert	mangelnde Flexibilität und Einengungen; es liegt eine starke Tendenz zu Übersteuerung vor, selten kann es zu Durchbrüchen mit intensiven Gegensteuerungen kommen; oftmals starke Dominanz zentraler motivationaler Themen und deren eher rigide und gleichförmige Abwehr
2,5		
3	gering integriert	starke Einschränkungen der strukturellen Fähigkeiten; typischerweise herrscht eine Untersteuerung vor, z. B. Impulsdurchbrüche und große Kränkbarkeit; Intoleranz für negative Affekte; Abwehr ist durch Spaltung, Idealisierung und Entwertung geprägt; fehlende Empathie und eingeschränkte Kommunikationsfähigkeit
3,5		
4	desintegriert	Die basalen strukturellen Fähigkeiten sind nicht mehr verfügbar, Kompensationen sind nur unter Realitätsverleugnung möglich.

Für die ausführliche Beschreibung der Strukturniveaus dient der Arbeitskreis OPD (2023); darin findet sich eine *Strukturcheckliste,* die Beschreibungen/Hinweise gibt, wie sich jeder einzelne Aspekt auf den verschiedenen Integrationsniveaus zeigt. Die Beschreibungen sind dabei als prototypische Beispiele zu verstehen, implizit ist die Skala von guter Integration bis Desintegration als *Kontinuum* gedacht, die beschreibt, inwieweit eine Person die jeweilige Fähigkeit/Funktion zur Verfügung hat oder nicht. Übersichten zu den mittlerweile umfangreichen Studien zu Reliabilität und Validität der OPD-Strukturachse finden sich in Doering und Hoerz (2012), Zimmermann et al. (2012) sowie dem Arbeitskreis OPD (2023).

Die strukturellen Funktionen wurden im Kontext der Diagnostik von Führungskräften umformuliert in »basale psychische Fähigkeiten« und vereinfacht.

Tabelle 3: Kurzbeschreibung der basalen psychischen Fähigkeiten

Basale Fähigkeit	Kurzbeschreibung
Selbstwahrnehmung	Fähigkeit zur Selbstreflexion; eigene Affekte differenzieren können; sich über die psychischen Hintergründe des eigenen Verhaltens klar werden können; ein »Modell« über die eigene Psyche entwickeln
Fremdwahrnehmung	Fähigkeit, ein stimmiges Bild von anderen entwickeln zu können; das Verhalten anderer mit psychischen Prozessen (deren Wünsche und Gefühle) in Verbindung bringen können; ein »Modell« über die Psyche von anderen entwickeln
Selbsterleben	Fähigkeit, mit sich selbst in einen emotional und leiblich lebendigen Kontakt treten zu können; sich dadurch lebendig fühlen
Affektregulierung	Fähigkeit, Affekte (auch sehr negative) psychisch erleben, »halten« und regulieren zu können, ohne die Außenwelt/Beziehungen für die Regulierung der eigenen Affekte »einzuspannen«
Empathie	Fähigkeit zur Einfühlung in die affektive Innenwelt anderer sowie zur emotionalen Anteilnahme; Fähigkeit, das emotionale Verstehen und Anteilnehmen dem Gegenüber einfühlsam mitzuteilen
Reziprozität (»Wir-Gefühl«)	Fähigkeit, einen emotionalen Kontakt mit anderen aufzubauen, der durch ein wechselseitiges *Wir-Gefühl* getragen wird

Während sich die ersten beiden Funktionen auf rein *kognitive* Fähigkeiten beziehen, enthalten die anderen einen klaren emotionalen Bezug. Diese Unterscheidung ist wichtig, da es insbesondere bei Führungskräften häufig vorkommt, dass sie über hervorragende kognitive Fähigkeiten verfügen, die emotionalen Aspekte aber häufig deutlich schlechter entwickelt sind, was immer wieder zu Irritationen und Konflikten führt, die dann nicht aufgelöst werden können.

2.5 Integration der Beurteilungsachsen

Innerhalb des OPD-Systems ergänzen sich die Beziehungs-, Konflikt- und Strukturachse:

>»Die gleichen Konfliktthemen zeigen auf unterschiedlichem Strukturniveau unterschiedliche Ausgestaltungen (z. B. verschiedenartige Qualität der Affekte, unterschiedliche Bilder der Objekte, verschiedenartige Qualität und Intensität der Bedürfnisse, unterschiedlich reife Abwehr usw.)« (Arbeitskreis OPD, 2023, S. 196).

So manifestiert sich beispielsweise der Selbstwertkonflikt auf gutem Strukturniveau lediglich als leichte Konfliktspannung mit einem etwas ausgeprägteren Wunsch nach Anerkennung und Wertschätzung, der von anderen zwar wahrgenommen wird, der die Beziehungen aber meist nicht besonders beeinträchtigt. Bei mäßig integrierter Struktur werden nahezu alle Beziehungen zur Selbstwertregulation funktionalisiert. Auf gering integriertem Niveau manifestiert sich das Thema in Form von Grandiosität und Entwertungen, die oft mit destruktivem Beziehungshandeln einhergehen.

Die »Befunde« der einzelnen Achsen werden anschließend zu einem Gesamtbild integriert, abhängig vom Auftrag der Diagnostik. So kann beispielsweise die organisationale Funktion einer Führungskraft mit den dominierenden unbewussten motivationalen Themen und deren Bewältigungsmodi vor dem Hintergrund der individuellen Verfügbarkeit über die basalen Fähigkeiten (also die Passung) in den Fokus genommen werden. Zudem können die anstehenden psychischen Entwicklungsaufgaben skizziert werden, um gezieltere, maßgeschneiderte Personalentwicklung planen zu können.

2.6 Abschließende Bemerkungen

Es sollte betont werden, dass weder bestimmte Beziehungsmuster, noch unbewusste Konflikte, noch strukturelle Niveaus gleichbedeutend mit psychischer Störung sind. Entsprechende Ausprägungen auf den psychodynamischen Dimensionen stellen lediglich eine Vulnerabilität dar, da die psychischen Möglichkeiten zur adaptiven Bewältigung von konflikthaften Lebenslagen eingeschränkt sind.

Angesichts zahlreicher krisenhafter Phänomene in den Führungsetagen werden Stimmen laut, die eine regelmäßige Reflexion der Verhaltensweisen und Entscheidungen von Managern mit einem hohen Maß an Verantwortung fordern. Auch hier kann die OPD-basierte Diagnostik einen Beitrag zur Krisenprävention liefern. Im anschließenden Kapitel stehen die unbewussten Konflikte im Fokus. Sie sind von zentraler Bedeutung im Coaching, da sie für die Klientinnen in ihrem jeweiligen Arbeitskontext handlungsleitend sind und zudem die Beziehungen zu den Kollegen bzw. Mitarbeiterinnen wesentlich prägen.

3 Die sieben OPD-Konflikte im Coaching

3.1 Bindung und Autonomie

Die elementaren Bedürfnisse nach Bindung und Zugehörigkeit auf der einen und Sehnsucht nach Autonomie auf der anderen Seite sind den Lesenden vermutlich vertraut, beide Pole aus dem Werte- und Entwicklungsquadrat von Schulz von Thun (2007) einer beratungswissenschaftlichen Community bekannt. Eine konstruktive situative Verortung auf einem gedachten Kontinuum ist dabei Ziel eines jeden Beratungsprozesses. Auch beruflicher Kontakt braucht Rückzug, würden die Gestalttherapeutinnen sagen. Rückzug schafft die Ermöglichung neuer Zuwendung zum anderen. Eine angemessene Spannungstoleranz ist bei der Suche nach der jeweils sinnvollen und adäquaten Verortung dieser beiden Bedürfnisse im Augenblick von Nöten. Eine konstruktive Herangehensweise und Balancierung dieser beiden Grundbedürfnisse enthält eine Entwicklungsdimension und führt zur Dynamisierung des Lebens.

Bindung und Autonomie am Arbeitsplatz

Klassische Managementprofile zeigen folgende motivationale Muster: Er (!) verfügt über ein durchschnittlich ausgeprägtes Leistungsmotiv, denn nicht der beste Operateur in der Klinik ist der beste Krankenhausmanager und nicht die beste Autoverkäuferin die beste Niederlassungsleiterin. Das Freundschaftsmotiv ist vorhanden, aber nicht sehr ausgeprägt. Zur Empathie muss die Fähigkeit zur Affiliation vorhanden, sollte aber nicht zu sehr ausgeprägt sein. Das Machtmotiv jedoch müsste sehr stark erscheinen (s. Abbildung 1).

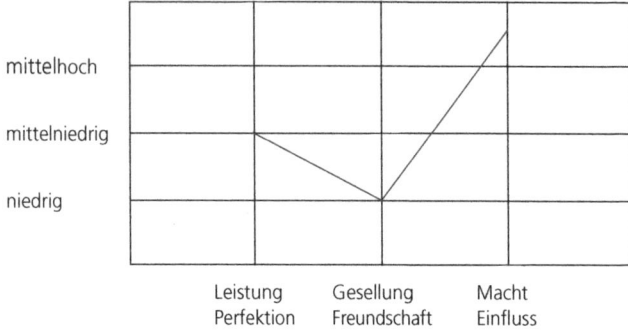

Abbildung 1: Das Motivationsprofil von Managern (eigene Darstellung, angelehnt an Krug u. Kuhl, 2006, S. 109)

Dies Profil ist in traditionellen hierarchisch strukturierten Unternehmen höchst erfolgversprechend. Wenden wir uns allerdings den modernen Organisationsformen wie Agilität, Holokratie etc. zu, so zeigen Steinmann, Kleinert und Maier (2020), dass das Bindungsmotiv durchaus gleich stark ausgeprägt sein sollte. Auch transformationale Führung braucht eben sehr wohl eine hohe Ausprägung des Freundschafts-/Gesellungsmotivs (die schwierige Übersetzung von »affiliation«).

Als dysfunktionale Konfliktlösungsmodi würden wir die Wahrung der Unabhängigkeit um jeden Preis beschreiben. Wenn Bindung Angst macht oder die Vorstellung, auf andere angewiesen zu sein, massiv gefürchtet wird, würden wir von dem *aktiven Modus* der Konfliktlösung sprechen. Bedürfnisse nach Anlehnung und Nähe müssen abgewehrt werden. Doch auch am Arbeitsplatz kann es durchaus darum gehen, liebevolle, verbindliche und verlässliche Beziehungen zu gestalten.

Steht jedoch die Bindung im Vordergrund und sind Kontakt, Begegnung und Beziehung wichtiger als Eigenständigkeit, werden auch am Arbeitsplatz vor allem nahe und intime Beziehungen gesucht, sprechen wir vom *passiven Konfliktlösungsmodus*. Wenn alles, was enge Beziehungen erschüttert oder in Frage stellt (und sei es auch nur in der Phantasie), gemieden werden muss, wenn Konflikten aus dem Weg gegangen und Dissens gefürchtet wird, ist ein entscheidender Faktor des Führungserfolges gefährdet, denn: »Wer liebgehabt werden will, sollte keine Führungskraft werden«.

▶ Fallbeispiel

Im Gespräch mit einer neu ernannten Führungskraft gelingt es kaum, den Fokus für die Stunde zu finden. Work-Life-Balance scheint ihm ein wichtiges Anliegen zu sein, die Festigung seiner Rolle aber eben auch und zudem möchte er an einer Exit-Strategie arbeiten, ausreichend Vermögen bilden, um der Arbeitswelt den Rücken kehren zu können. Ja, Vater geworden ist er auch gerade vor 14 Tagen.

Die Bindung an ein Ziel birgt die Gefahr des Scheiterns, des Verfehlens der Zielerreichung, dann habe ich doch lieber drei Ziele pro Stunde. Die Bewährung auf der neuen Position wird konterkariert mit dem Traum von einem Leben als Bohemien – ohne Bindung, ohne Verpflichtung. Work-Life-Balance scheint unverfänglich, da legt er sich nicht wirklich fest. Durch die klassische dialogische Suche nach der Bedeutung dieser Themenhüpfaktion kann der Schlüssel zum Grundkonflikt Bindung/Autonomie liegen: Mit welchen Gefühlen kommt er in Berührung, wenn er sich auf ein Thema festlegt? Ich könnte etwas verpassen? Das Thema anderer könnte interessanter sein? Die Zielerreichung im Coaching wäre messbar?

Zielstellung im Coaching

Als funktional handelnd würden wir jemanden bezeichnen, der im Privatleben in der Lage ist, emotional nahe und tiefe Beziehungen einzugehen und sich zudem als abgegrenztes, autonomes Individuum erleben kann. Das Ziel, das wir im Coaching mit Klientinnen verfolgen, die den motivationalen Grundkonflikt Bindung versus Autonomie besser ausbalancieren lernen wollen, ist am besten in einer nicht sonderlich bekannten Publikation Winnicotts (1958) beschrieben: »The Capacity To Be Alone«. Der englische Kinderpsychoanalytiker beschreibt dort die Fähigkeit allein zu sein als eine der zentralen Errungenschaften in der Entwicklung des Kindes. Ihm geht es um eine ganz besondere Form des Alleinseins: das Alleinsein in Anwesenheit eines anderen. Seine zentrale These lautet, dass nur derjenige gut allein sein kann, der eine gute dyadische Beziehung in jungen Jahren genossen hat. Er beschreibt die Befähigung bei sich zu sein, trotz der Anwesenheit anderer, eigene Interessen nicht zu vernachlässigen, weder mit den Bedürfnissen anderer zu verschmelzen, also konfluent zu werden, noch in kontaktloser Abgrenzung einsam zu sein.

Die Entwicklung von Strategien, um neues Verhalten in Beziehungen und in der Gestaltung von Kontakt zu anderen im Arbeitskontext zu erproben, bedeutet die Flexibilisierung in Richtung des jeweils gegenüberliegenden Modus zu stimulieren. Das heißt für

► Klientinnen im passiven Modus: sich für die eigenen Bedürfnisse in Beziehungen zu anderen einsetzen, mehr Eigenständigkeit wagen, mehr Aggressivität zulassen, Konfliktbereitschaft entwickeln, autonome Entscheidungen treffen, von der Bestätigung anderer unabhängiger werden;

► Klienten im aktiven Modus: »sich mehr für Gestaltung von Kontakt in Arbeitsbeziehungen einsetzen, Abhängigkeit von anderen akzeptieren, Projekte, Zuständigkeiten, Entscheidungen aus der Hand geben können« (Halberstadt, 2021, S. 510), Verbundenheit, Zugehörigkeit und Verlässlichkeit wagen.

Die Beratungsbeziehung als diagnostischer Schlüssel

»Kontakt findet an der Grenze statt« lautet ein Leitsatz der Gestalttherapie nach Fritz Perls (1976). Wolfgang Looss (2013), der aus dieser humanistisch-psychotherapeutischen Tradition stammt und dessen Verdienst es ist, das Coaching in den 1980er Jahren nach Deutschland gebracht zu haben, schlägt eine prozessorientierte Diagnostik aus der Gestalttherapie zu Beginn eines Coachings vor: eine Kartographie des Lebendigen. Deren zentraler diagnostischer Fokus ist die intensive Wahrnehmung des Kontaktgeschehens, die Kontaktmuster und Kontaktstörungen schon im Erstgespräch deutlich macht. Er unterscheidet diverse Modi, die die jeweiligen Interventionsmethoden bereits nahelegen (Looss, 2013, S. 53 ff.). Diagnostisch erkenntnisreich ist das szenische Verstehen dieses Grundkonflikts. Die Analyse des Übertragungs-Gegenübertragungsgeschehens vor allem zu Beginn des Coachingprozesses zu nutzen, führt uns in das Zentrum des Konflikts. Der Anfang, die erste Begegnung, wird im Coaching als Initialszene betrachtet, in der Verdichtung stattfindet und unbewusst wichtige Informationen transportiert werden. Wie gestaltet jemand die Beziehung zum Coach?

Schon die erste Stunde gibt oft Aufschluss über Schwierigkeiten im Bereich der Bindung, zum Beispiel wenn es nicht gelingt, ein Thema für die Sitzung festzulegen. Folgen wir Schermuly, Schermuly-Haupt, Schölmerich und Rauterberg (2014), dann ist das häufige Wechseln der Themenfelder aber ein wesentlicher Prädiktor für negative Wirkungen von Coaching.

Wesentliche Arbeitsprinzipien

Die Wahrnehmung und Gestaltung der Beratungsbeziehung ist der zentrale Schlüssel zur Bearbeitung des Konflikts zwischen Bindung und Autonomie. Eine gute Zusammenarbeit von Coach und Klientin gilt unabhängig vom Anlass für ein Coaching immer als Voraussetzung für erfolgreiches Coaching (Graßmann, Schölmerich u. Schermuly, 2019). Im Fall des Konflikts zwischen Autonomie und Bindung ist es unweigerlich so, dass dieser sich in der Arbeitsbeziehung spiegeln muss: Sei es, dass methodische Vorschläge zur Wahrung der Autonomie abgelehnt werden müssen, sei es, dass die Arbeitsbeziehung selbst schon nah ist. Die gemeinsame Reflexion der biografisch erworbenen Beziehungserfahrung, der Beziehungsängste auf den Dimensionen Nähe und Distanz gilt hier als besonders relevant und hilfreich. Die Offenbarung von Gegenübertragungsphänomenen (»Ich habe Sorge, Ihnen zu nahe zu treten«), wenn der Konflikt aktiviert ist, nimmt die Distanzierungswünsche ernst und macht sie besprechbar. Eine hohe Aufmerksamkeit für das Zuviel kann im Sinne des »rupture and repair« (Ehrenthal, Möller u. Zimmermann, 2020) den Grundkonflikt exemplarisch situativ lösen und im günstigen Fall als korrigierende emotionale Erfahrung generalisierbar sein.

Bei übersteigerten Nähe- und Bindungsbedürfnissen des Klienten jedoch (»Wollen wir uns nicht duzen?«, Anrufe am späten Samstagabend etc.) müssen diese Bindungsbedürfnisse im Beratungskontakt taktvoll frustriert werden. Als entwicklungsförderlich gilt in diesem Modus, Dissens und Widerspruch ertragen zu lernen, Spannungstoleranz zu entwickeln und Angepasstheit der Klienten zu konfrontieren, um das Verhaltensrepertoire zu flexibilisieren. Die Passung von Person, Funktion und Organisation (»Person-Organization-Fit«, Kristof, 1996) gilt als zentral für die Zufriedenheit und Effizienz in der Arbeitswelt. Die Stimmigkeit von Aufgaben, beruflichen Positionen oder professionellen Rollen ist auch eine stets mitlaufende Perspektive im Coaching. So kann es sein, dass eine Klientin sinnvollerweise ihre Fachkarriere wieder aufnimmt und die Führungsposition aufgibt, wenn sie es als so schwierig erlebt, mit Konflikten umzugehen und auch das Coaching keine Veränderung in dieser Dimension erbrachte. Greif (2008) weist darauf hin, wie wichtig es ist, dass die Ziele im Coaching selbstkongruent sind.

Klientinnen im *aktiven Modus* der Achse »Autonomie/Bindung« ließen sich im Theorem autonomer Selbstregulation als Promoter (Higgins, 1997) beschreiben. Diese suchen nach Wachstum und Weiterentwicklung, Herausforderungen, Risiko und Abenteuer. Ihre Weltsicht, ihre Zielfindung und Zielerreichungsaktivität, ihr Informationssuche-System unterscheiden sich maßgeblich von der Präventionsstrategie, die Menschen wählen, die eher Sicherheit suchen, Verlust vermeiden wollen und Vorsicht walten lassen, also eher im *passiven Modus* der Konfliktachse zu verorten sind. Nicht unbedingt differenzieren diese beiden Motivationsstile gleichermaßen zwischen dem Bereich des Privatlebens und dem des beruflichen Tuns. Auch gibt es keine Bewertung als nützliche oder weniger nützliche Art, in der Welt zu sein. Beide Antriebssysteme ermöglichen das Überleben, aber Menschen unterscheiden sich in ihren grundsätzlichen Tendenzen. Es lässt sich zeigen (Mühlberger, Böhm u. Jonas, 2021), dass Coaches gut daran tun, ihre Coachinginterventionen auf diese unterschiedlichen Motivationsmuster abzustimmen. Nur dann entsteht in einer Arbeitsbeziehung ein »feeling right« (Deci u. Ryan, 2000).

3.2 Selbstwirksamkeit[6]

Das Konfliktfeld von Dominanz und Unterordnung wird von uns im Feld der Managementdiagnostik und des Coachings als Achse »Selbstwirksamkeit« bezeichnet. Es stellt sich im Beratungsprozess die Aufgabe, eine situationsadäquate und konstruktive Selbstregulation von Dominanz und Unterordnung der Klientinnen zu erreichen, denn das Verhältnis zwischen Dominanz und Unterordnung, häufig auch als Macht und Ohnmacht bezeichnet, stellt eine bedeutende sozioemotionale Dimension im Arbeitskontext dar (Scholl, 2013). Ein in Coachingprozessen häufig anzutreffendes Thema auf der einen Seite ist die Machtlosigkeit, die Klienten in ihrem jeweiligen beruflichen Kontext erfahren. Es geht oft um Ohnmachtserleben, das von der Erfahrung begleitet wird, unter der Machtausübung oder der Gegenmacht anderer zu leiden (Ameln, 2017; Löwer-Hirsch, 2017; Scholl u. Looss, 2018). Auf der anderen Seite werden Organisationen vor Herausforderungen gestellt, wenn Mitarbeitende mit aggressivem Dominanzstreben oder despotisch anmutendem Führungsstil die kon-

---

6 Unter Mitarbeit von Michael Stoll.

struktive Zusammenarbeit beeinträchtigen und schließlich selbst zu Leidtragenden von Personalentscheidungen werden, weil ihre Sozial- und Führungskompetenz infrage gestellt wird.

Selbstwirksamkeit am Arbeitsplatz

Die (implizite) Machtmotivation steht im Zentrum des Spannungsfeldes von Dominanz und Unterordnung. In Hinblick auf die Debatte der Agilität als moderne Organisationsform und der notwendigen gesellschaftlichen Transformationsprozesse ist die Achse der Dominanz und Unterwerfung von besonders aktueller Bedeutung. Galten hoch machtmotivierte Menschen bis vor Kurzem als Garanten des wirtschaftlichen Erfolges von Unternehmen, braucht es heute andere Führungskräfte, und zwar die, die über kaum persönliche Machtziele verfügen, die höheren Zielen und Werten zum Durchbruch verhelfen möchten, die in der Lage sind, Eigeninteressen zugunsten von Organisationsinteressen zurückzustellen. Diese halten sich selbst an entwickelte Regeln und übertragen Verantwortung. Durch ihr Charisma gelingt es ihnen, die Mitarbeitenden auf die Organisation und nicht auf die eigene Person einzuschwören.

Die verfestigte Dominanz im *aktiven Modus* kann sich darin zeigen, dass leitende Positionen mit großer Selbstständigkeit angestrebt werden und sich die betreffende Person selbst als das Maß aller Dinge sieht. Auf jedwede Kritik wird aversiv und konfrontativ reagiert. Durch die äußerst dominanten Verhaltensweisen erscheint die Person für andere ausgesprochen konfliktträchtig. Daher ist die Wahrscheinlichkeit, dass dieser Personenkreis freiwillig um ein Coaching ansucht, auch gering. Häufiger sehen wir deren Mitarbeitende, die nicht selten stark unter Führungskräften dieser Ausprägung leiden.

Im *passiven Modus* zeigt sich eine chronifizierte Unterordnung darin, dass eine Person trotz möglicher Aufstiegschancen untergeordnete Positionen beibehält. Aus Angst vor zu viel Dominanz werden Selbständigkeit und Entscheidung zu hierarchischem Aufstieg vermieden, Konflikte umgangen, und es kommt nicht selten vor, dass organisationale Anforderungen dann passiv-aggressiv (bis hin zur Subversion) unterlaufen werden. Auf der Oberfläche werden eigene Interessen verleugnet, es fehlt die Durchsetzungsstärke und reaktive Verhaltensweisen dominieren dieses Erscheinungsbild. Im Coaching wird oft eine Hilflosigkeit präsentiert, es wird geklagt oder gar gejammert. In der Gegenübertragung wird zumeist die abgewehrte Wut gespürt, wobei die Klientinnen selbst unter dem Eindruck der Ohnmacht oder Minderwertigkeit leiden. Ziel des Coachings wäre hier, die Kontrolle über die wichtigsten Belange des Arbeits- und Privatlebens wiederzuerlangen und notwendige Aggression angemessen zeigen zu können.

▶ Fallbeispiele

Ausgehend von öffentlichkeitswirksam geführten Me-too-Debatten in der Filmindustrie (Harvey Weinstein), in den Theatern (Dieter Wedel) und Opernhäusern, der Bildzeitung (Julian Reichelt) und vielem mehr ist die Aufmerksamkeit dem sexualisierten Machtmissbrauch gegenüber auch in den ganz »normalen« Unternehmen hoch. Die Vorkommnisse können Ausdruck einer entgleisten Dominanz sein.

Ein Klient, Anfang 50, wirtschaftlich erfolgreich, sieht sich einer Kampagne eines internen Konkurrenten ausgesetzt. Er wähnt die Personalabteilung mit diesem im Bunde und berichtet, dass Mitarbeiterinnen aufgefordert wurden, Übergriffe durch ihn zu melden. Auch wenn sein Verdacht richtig sein könnte, dass die gestellten Anzeigen Teil einer mikropolitischen Auseinandersetzung waren, droht ihm die strafrechtliche Verfolgung. Ein langer Weg der Arbeit begann.

Ein Bereichsleiter, Anfang 40, aus der Versicherungsbranche wird von seinem Vorstand zum Coaching geschickt, nachdem er zum zweiten Mal bei der Mitarbeitendenbefragung schlechte Werte bezogen auf sein Führungsverhalten bekam. Er betrat nassforsch meine Praxis, mich gleichsam an die Seite drängend: »Jetzt zeigen Sie mal, was Sie können!«

Als Ziel für die Arbeit an Coachingthemen, die im Zusammenhang mit der Achse »Selbstwirksamkeit« stehen, lässt sich formulieren: Als seelisch funktional erscheint uns, einen flexiblen Umgang mit dem Verhältnis von Dominanz und Unterordnung zu verinnerlichen, welcher ermöglicht, situativ in adäquater Weise dominant oder sich unterordnend bzw. einfügend zu handeln. Weder sollte sich eine Person fortlaufend getrieben fühlen sich unterzuordnen noch stets dominieren zu wollen. Es sind die Freiheitsgrade des Verhaltens, die es im Coaching durch eine Arbeit an der Integration der inadäquaten Konfliktlösungsmodi zu entwickeln gilt. Dazu gehört auch die Entscheidungssouveränität, welche Konflikte proaktiv angegangen werden und welche zunächst unberührt bleiben.

Die Integrationsarbeit verhilft den Klienten dazu, facettenreicher zu werden. Führung wird im agilen Paradigma als Dienstleistung betrachtet. Die neue Form der Führung ermöglicht, neue Seiten von sich selbst kennenzulernen. An die Stelle der individuellen Karriereorientierung wird die Relevanz der Führungskraft für ihr Team bedeutsam. Sie muss sich zeigen und sich nicht hinter ihrer Rolle verstecken. Es entsteht auf diese Weise eine neue Beziehung zum Team. Soziale Anerkennung wird wichtiger als der persönliche Erfolg. Als Erleichterung kann erlebt werden, dass Führungskräfte im agilen Management nicht mehr, wie erwähnt, als Heldinnen aufgeladen werden müssen. Führung wird geteilt, Führungskräfte dürfen sich als Lernende verstehen, wieder Anfänger sein. Die Umstellung auf agiles Arbeiten ist Befreiung und Erleichterung. Agile Führungskräfte dürfen unperfekt sein *(fail early)* und gewinnen damit kreative Freiheit.

Diagnostik

Anzunehmen ist, dass die Klienten die Fragestellung »Ich habe ein Problem mit Dominanz« zunächst nicht explizit als Anliegen formulieren. Wir Coaches müssen aus den Schilderungen des Coaching-anlasses heraus dieses implizite motivationale Thema interpretativ erschließen. Die Aufmerksamkeit auf die Gestaltung der Arbeits-beziehung zu richten, hilft uns dabei. So werden Klientinnen im Kontakt mit dem Coach vermutlich jene Erlebens- und Verhaltenstendenzen im Zusammenhang mit Dominanz und Unterordnung zeigen, die ihnen in ihrem alltäglichen Berufsleben Probleme bereiten. Auf diese Weise erhält das Spannungsfeld von Dominanz und Unterordnung Einzug in die Interaktion zwischen Coach und Klientin. Die konkordante (die Coach fühlt sich ohnmächtig) und komplementäre (die Coach ist so ärgerlich wie die Mitarbeitenden) Betrachtung der Gegenübertragungsphänomene ist an dieser Stelle zunächst diagnostisch von hohem Wert und ebnet im Verlauf des Prozesses den Weg zu sinnvoller Intervention. Hier ist im Wesentlichen die Arbeit mit Übertragung und Gegenübertragung und die Nutzung des szenischen Verstehens zu nennen (Giernalczyk u. Möller, 2018).

Wesentliche Arbeitsprinzipien

Der gemeinsame Nenner beider Pole ist das Ohnmachtserleben, das im Coaching punktuell in Hinblick auf das biografisch erworbene Reaktionsmuster betrachtet und im Sinne der Arbeit *an* der Übertragung aufgelöst werden kann (Körner, 2014). Häufig tauchen biographische Szenen mit erlebter Hilflosigkeit auf, die verantwortlich für die Dysbalance von Dominanz und Unterordnung sein können. Im aktiven Modus finden wir den kompensatorischen Mechanismus nach dem Motto: »Lieber bin ich Täterin als Opfer!«, im passiven Modus bleibt die elterliche Erziehungsbotschaft (»Kann eh nichts ausrichten«) verinnerlicht mit dem Versuch, indirekt ein Mindestmaß an Kontrolle zu erlangen (z. B. durch passiv-aggressive Tendenzen). Methodisch bieten sich Interventionen aus der Gestalttherapie und dem Psychodrama an, die helfen, Dominanz und Unterordnung als zwei gleichzeitig bestehende Ich-Anteile zu erleben (Superwoman und das Aschenputtel). In der *Zweistuhlarbeit* können diese Anteile miteinander in den Dialog treten. Mit der psychodramatischen Methode werden diese durch das Hilfs-Ich offenbar und im Spiel kann es gelingen, neue Verhaltensweisen recht risikofrei auszuprobieren.

Die Konfrontation mit der Hypothese, dass möglicherweise die Persönlichkeitsaspekte Dominanz und Unterordnung schlecht ausbalanciert sind und damit Hintergrund vieler arbeitsweltlicher Problemstellungen sein können, ist wenig kränkend und damit für die Klientinnen annehmbar. Bei Klienten des *passiven Modus* kann dieses Verstehensangebot als emanzipatorischer Akt wirken und dazu ermuntern, sich mit der abgewehrten Aggression konstruktiv aufzuladen.

Im *aktiven Modus* hingegen lässt sich auf diese Weise eine Hemmung der personalisierten Macht aufbauen, die den dysfunktionalen Machtgebrauch verhindert. Hier bietet sich die Arbeit am Selbstkonzept oder an den zentralen Glaubenssätzen aus der kognitiv-behavioralen Psychotherapie an (Webers, 2015). Aus der systemischen Fragetechnik (LIT) stammend, macht die Frage nach den Ausnahmen Sinn: Wann ist einem Klienten etwas besonders gut gelungen, um Selbstwirksamkeit und Ermächtigung anzusteuern?

Neben der biografischen Arbeit können auch erlernte unterschiedliche Attributionsmuster (Heider, 1977) in den Fokus der Coachingarbeit treten. Coaching verstanden als Veränderungsarbeit an den Denk- und Verhaltensmustern schaut sich die internale versus externale Kontrollüberzeugung an. Bei der *internen* Attribution sehe ich mich selbst, meine Kompetenz, meine Persönlichkeit, meine Leistung verantwortlich für meinen Erfolg. Bei der *externen* Attribution verstehe ich das Handeln anderer Menschen, die Situation oder den Zufall als Ursache. Attributionsmuster lassen sich im Coaching schnell auffinden und gelten als recht gut veränderbar. Auch der Kohärenzsinn SOC (Antonovsky, 1997), gespeist aus den drei Dimensionen Handhabbarkeit, Verstehbarkeit und Sinnhaftigkeit, lässt sich realitätsnah im Coachingprozess nutzen. Die salutogenetische Perspektive unterstützt die Entwicklung der Fähigkeit zur Selbstregulation, das Erleben von Selbstwirksamkeit und Resilienz.

Ohne eine sehr persönliche Auseinandersetzung mit Macht und Ohnmacht in Organisationen, mit Hierarchie und Autorität, lässt sich grundsätzlich keine gute Beratung anbieten. So scheint es aber insbesondere von Nöten, sich im Themenfeld Dominanz und Unterordnung von Klientinnenseite in einen Prozess der Selbstklärung als Coach zu begeben. Dazu halten wir folgende Fragen des Coaches an sich selbst für zielführend:

> »1. Welche Rolle spielt das Spannungsfeld von Dominanz und Unterordnung für mein Selbst- und Beratungsverständnis?
> 2. Welche positiven oder negativen Erfahrungen, Bilder, Szenen kommen mir in den Sinn, wenn ich an die Begriffe Dominanz und Unterordnung denke?
> 3. Was halte ich für wirkungsvoll, wenn ich den Eindruck habe, dass das Spannungsfeld von Dominanz und Unterordnung für den:die Klient:in ein besonderes Thema darstellt, dessen Bearbeitung sinnvoll erscheint?
> 4. Was beobachte ich vor dem Hintergrund der Dynamik zwischen Dominanz und Unterordnung im Kontakt mit dem:der Klient:in und wie kann ich die Interaktionsdynamik in hilfreicher Weise gestalten?« (Stoll, 2021, S. 500)

Stoll (2021) stellt die Frage, ob sich mit den beiden Polen Dominanz und Unterordnung zwei tendenziell konkurrierende Beratungsphilosophien gegenüberstehen, wobei die Dominanz Rat gibt und Lösungen verspricht, während die Unterordnung begleitet und sich auf assistierende Weise in den Dienst der Klientinnen stellt. Darüber lohnt es sich zu debattieren!

3.3 Versorgung und Autarkie[7]

Personen mit einem ungelösten Konflikt im Bereich der Versorgung pflegen häufig einen konsensorientierten Führungsstil. Dieser zeichnet sich durch eine umgängliche und bedachte Art aus. Führungskräfte mit diesem Stil sind meist loyal und an beständigen Arbeitsverhältnissen interessiert. Sie agieren vorsichtig und sorgfältig. Es fällt ihnen leicht, die Perspektive ihrer Mitarbeitenden zu übernehmen und für ein harmonisches Teamklima zu sorgen. Eine große Herausforderung dieses Führungsstils ist es, nicht in einen klagenden, ständig überlasteten Modus zu geraten, in dem jegliche Anforderungen als Zumutung erlebt werden. Auch eine »Ansteckung« durch jammernde Teams (Kauffeld, 2007) stellt ein Gefahrenpotenzial dar. In diesem Fall drohen Lethargie, Problemtrance und Entscheidungsschwierigkeiten. Personen, die diesen Führungsstil verfolgen, sind unbewusst mit der Angst vor Verlust von Menschen und Beziehungen befasst. Entsprechend fällt es ihnen schwer, angemessen konstruktiv-aggressive Auseinandersetzungen zu führen (Lohmer et al., 2012).

Versorgung und Autarkie am Arbeitsplatz

Personen im *passiven Modus* des Versorgungskonflikts streben in ihrem jeweiligen Arbeitskontext weniger nach einem hierarchieorientierten Aufstieg als nach sozialer Geborgenheit. Arbeitsbeziehungen zu Kolleginnen sind dadurch geprägt, einander Halt zu geben und Unterstützung einzufordern. Diese Sicherheit gebenden Beziehungen dürfen aus Sicht des passiven Modus auf keinen Fall beispielsweise dadurch gefährdet werden, dass aktiv der Konflikt gesucht oder kritisches Feedback gegeben wird. Eigenständige Entscheidungen werden ungern getragen, wodurch die betroffenen Personen oft unterhalb ihres möglichen Leistungsniveaus bleiben. Der passive Modus ist nicht selten in

---

7   Unter Mitarbeit von Marie Heuer und Michael Stoll.

beruflichen Strukturen zu finden, die ein hohes Maß an Sicherheit bieten, wie zum Beispiel im öffentlichen Dienst (s. Kapitel 1; Heuer, 2022).

Personen im *aktiven Modus* verkörpern die durch Schmidbauer (1992) bekannt gewordenen »hilflosen Helfer«. Ihr berufliches Handeln ist oftmals von Selbstausbeutung gekennzeichnet. Sie verkörpern die Rolle der unersetzlichen Mitarbeitenden, die durch die Aufopferung für andere, Selbstgenügsamkeit, Anspruchslosigkeit und Bescheidenheit auffallen. Bei Ausbleiben der (unbewusst) erwarteten Anerkennung der Unersetzbarkeit drohen Selbstzweifel und Niedergeschlagenheit, und die Bemühungen, andere zu unterstützen, werden weiter gesteigert – ungeachtet der individuellen Leistungsgrenzen. Durch die hohe Einsatz- und Leistungsbereitschaft gelangen diese Personen vor allem im psychosozialen Dienstleistungssektor und im Gesundheitswesen in Führungspositionen, also in Organisationskulturen, in denen viel Beziehungsarbeit geleistet werden muss. Dabei fällt es ihnen schwer, rollenadäquat zu handeln (Heuer, 2022; Kotte et al., 2019).

Zielstellung und Diagnostik

Das zentrale Diagnostikinstrument stellt die Analyse der eigenen Gegenübertragung dar (Benecke u. Möller, 2013). Das Ziel des Coachings ist es, die Beziehungsmuster zu lösen und einen ausgewogenen Umgang mit Versorgung zu erlangen. In diesem Zuge kann sich auch die Gegenübertragung verändern (Kotte et al., 2019; Giernalczyk u. Möller, 2018). Im konkordanten Modus nimmt der Coach im Kontakt mit Personen im passiven Modus des Versorgungskonflikts wahr, wie bei ihm Gefühle von Besorgnis, Hunger, später aber auch Ärger ausgelöst werden. Im komplementären Modus identifiziert sich der Coach zum Beispiel mit den Mitarbeitenden und verspürt das starke Fordern von Seiten der Führungskraft des passiven Modus. Im Kontakt mit dem aktiven Modus nimmt der Coach den Druck wahr, es allen recht machen zu wollen. Er hat zudem den Eindruck, von der Klientin umsorgt und übermäßig rücksichtsvoll behandelt zu werden.

► Fallbeispiele

Aktiver Modus: Die Gesamtleitung einer Pflegeeinrichtung kommt erschöpft und rastlos zum Coaching. Sie würde es einfach nicht schaffen, ihre Mitarbeitenden gut genug zu unterstützen. Alle seien überlastet und sie versuche Löcher zu stopfen wo es nur geht. Und dann seien da ja noch die Bewohnerinnen, die maximal gut versorgt werden müssen. Den Papierkram schaffe sie schon tagsüber gar nicht mehr; dafür sei der späte Abend oder die Nacht da. Die Coach nimmt wahr, wie die Führungskraft von dem Druck angetrieben wird, für andere da sein zu wollen. Am liebsten würde sie ihr die zentnerschwere Last von den Schultern nehmen. In diesem Fallbeispiel war der Konflikt der Klientin gänzlich unbewusst. Die Konfliktformulierung führte dazu, dass die Klientin umso stärker mit den für den aktiven Modus typischen Erlebens- und Verhaltensweisen reagierte. Die Bewusstwerdung des Konflikts wird auf diese Weise unbewusst abgewehrt (Mentzos, 2017). Entsprechend sind zunächst klärende und konfrontierende Interventionen hilfreich, damit die Klientin schrittweise ein Konfliktbewusstsein entwickelt. Beim Konfrontieren geht es darum, die Klientin gezielt auf widersprüchliche und dysfunktionale Verhaltensweisen aufmerksam zu machen: »Sie sagen, dass Sie davon ausgehen, dass Ihre Gesundheit massiv darunter leiden wird, wenn Sie sich weiter so einsetzen. Dennoch sind Sie nahezu rund um die Uhr für Ihre Mitarbeitenden erreichbar.« Klärende Interventionen waren darüber hinaus hilfreich, um die Klientin in ihrer Fähigkeit zu unterstützen, über ihre Motivation und mentalen Zustände nachzudenken sowie diese näher zu ergründen und dabei unterschiedliche Perspektiven einzunehmen: »Was meinen Sie, wie wirkt es auf Ihre Mitarbeitenden, wenn Sie sich dermaßen aufreiben für ihre Arbeit?« Die Klärung kann sich auch auf die Arbeitsbeziehung und bestimmte Momente im Coachingprozess beziehen: »Sie sagten am Telefon, Sie könnten auch Freitagnachmittag zum Coaching kommen, wenn es mir entgegenkäme. Eigentlich sei das ja Ihr freier Nachmittag, aber es müsse ja irgendwie gehen. Was bewegt Sie dazu, das so zu handhaben und zu äußern?« Neben der Arbeit an überhöhten Leistungsansprüchen, an den dysfunktionalen Glaubenssätzen und Grundüberzeugungen, können Personen als Ressourcenmodell herangezogen werden (Flückiger u. Wüsten, 2021). Eine Person mit Vorbildfunktion kann im Coaching angeführt werden, um durch zirkuläre Fragen Distanznahme, Entdramatisierung und einen Perspektivwechsel zu ermöglichen:

► Wie verhielte sich diese Person in ähnlichen Situationen?
► Was macht diese anders als Sie?
► Was können Sie von ihr lernen?

Passiver Modus: Die Führungskraft eines Teams für Kultur und Tourismus der Stadtverwaltung kommt in ein Einzelcoaching. Sie beklagt, dass die aktuellen Projekte nur schleppend voran gehen, da ihre Mitarbeitenden einfach nicht hinreichend leistungsfähig seien. Ständig sei jemand krank oder es gebe zögerliche Rückfragen, was wie zu machen sei. Entschlossenes eigenständiges Arbeiten sei wohl einfach zu viel verlangt. Die Projekte benachbarter Städte würden viel besser laufen. Schließlich habe der Kollege vor Ort einfach bessere Mitarbeitende. Die Teamleitung möchte vom Coach wissen, was sie machen könne. Die Abteilungsleitung würde schon ständig fragen, wann die Projekte finalisiert werden. Der Coach erlebt die Führungskraft als sehr fordernd und verspürt den von Ärger begleiteten Impuls, sie unmittelbar mit Lösungsideen versorgen, aber auch »abspeisen« zu wollen. Die beschriebene Führungskraft blickt neidisch auf die Kirschen in Nachbars Garten. Im Stadium des Neidens stellt sie die anderen (Nachbarstädte) in den Status des Erfolges und weist sich selbst den Platz bei den Verlierern zu. »Das, was wir nicht besitzen, nicht haben, erregt unseren Neid« (Kutter, 1994, S. 67). Neid folgt einem Gefühl von Minderwertigkeit. Die Neiderin ist viel mit dem Beneideten und dessen realen oder phantasierten Vorteilen beschäftigt. Sie vollzieht den sozialen Vergleich und schneidet stets schlechter ab. Die Folgen sind oft selbstquälende, missgünstige und selbstzerstörerische Vorstellungen: »Neid vergiftet innerlich« (S. 69). Die Diskrepanz zwischen Neiderin und dem Beneideten erzeugt Diskrepanz*erleben*. Diese Spannung kann auf zweierlei Weise genutzt werden: Ich entwerte das Objekt des Neides, ziehe den anderen durch Miesmacherei auf mein Niveau herunter, oder ich nutze die Spannung produktiv, um das, was ich so begehre, selbst zu bekommen, zu verkörpern, zu haben. Wir können beginnen »zu erwerben, um zu besitzen« (Goethe, 1967). So kann im Coaching der Neid den Entwicklungsweg weisen. Neid verweist auf das professionelle Ich-Ideal, zeigt mir, wie ich sein möchte. Im Coaching lassen sich produktive Formen des Neidens entwickeln (Haubl, 2009), Neid kann zum Motivator werden.

Ergänzende wesentliche Arbeitsprinzipien

Die belastenden Emotionen, die mit dem inneren Versorgungskonflikt zusammenhängen, können vom Coach behutsam konfrontiert werden: »Sie würden sich gerne weniger aufreiben und besser für sich sorgen, aber Sie befürchten dadurch die Anerkennung Ihrer Mitarbeitenden zu verlieren« (aktiver Modus). »Sie würden gerne den nächsten Karriereschritt wagen, aber Sie haben die Sorge, dass Sie dadurch die Unterstützung ihrer aktuellen Kollegen verlieren« (passiver Modus). Gelingt es, den Konflikt in die Wahrnehmung zu bringen, erlangt die Klientin oftmals einen zunehmend differenzierten Zugang zu den belastenden Affekten. Gelingt es im Coaching sogar, an die unbewusste Berufsmotivation zu gelangen, dann ist ein wichtiger präventiver Schritt erfolgt. Der Abwehrmechanismus der altruistischen Abtretung wird als Hintergrund des Angetriebenseins von hohen Idealen und der impliziten Erwartung von Dankbarkeit gesehen. Die Klientin geht in die versorgende Rolle, unbewusst möchte sie jedoch selbst versorgt werden. Diese Rollenumkehr wird zwangsläufig in der Enttäuschung enden. Zusätzliche Entlastung schaffen leibliche Zugänge im Coaching. Die Arbeit an somatischen Markern (Krause u. Storch, 2018) und gezielte Atemübungen und Entspannungsverfahren bieten Unterstützung und bereiten den Weg, alternative Handlungsweisen zu entwickeln. Wenn die Selbstwahrnehmung der eigenen Grenzen gelingt, werden auch die Anforderungen der Organisation nicht ungefiltert übernommen, sondern geprüft und gegebenenfalls zurückgewiesen. Ergänzend können mit einer Rollenanalyse (Beumer, 2013) die Erwartungen der Mitarbeitenden und Vorgesetzten erfasst werden. Personen des aktiven Modus möchten davon überzeugt sein, dass ihre Hilfe unbedingt gebraucht und erwartet wird. Nimmt der Coach stellvertretend die Rolle eines Mitarbeiters ein, kann mit dem Gedanken experimentiert werden, dass die Erwartungshaltung auf Seiten der Mitarbeitenden unter Umständen rein in der Phantasie existiert. Oft erfahren die Klienten Entlastung durch die Überprüfung ihrer Annahmen, wenn zum Beispiel in Mitarbeitendengesprächen die Kooperationsbeziehungen thematisiert und ausgehandelt werden.

3.4 Selbstwert

Selbstwertfragen beschäftigen – folgen wir einer Untersuchung von Stavemann (2011) – circa. 80 Prozent der in Deutschland lebenden Menschen. Es nimmt also kaum Wunder, dass diese Themen auch im Coaching auftauchen. Ein stabiler Selbstwert wird zweifelsohne Wünsche nach hierarchischem Aufstieg unterstützen, das Führungshandeln erleichtern und/oder das Treffen von Entscheidungen unter Unsicherheit erleichtern und die Lebens- und Arbeitszufriedenheit stärken. Kammeyer-Mueller, Judge und Piccolo (2008) haben in einer Studie die Richtung des Zusammenhangs zwischen Selbstwert und verschiedenen anderen beruflichen Erfolgsfaktoren gemessen und kommen unter anderem zu dem folgenden Schluss:

> »Self-esteem was positively related to income and occupational status even after the most plausible alternative predictors (education and general mental ability) were included in the analysis« (Kammeyer-Mueller et al., 2008, S. 217).

Die Autoren schließen allerdings auch nicht aus, dass die Wirkrichtung auch umgekehrt sein kann.

Für den arbeitsweltbezogenen Beratungsprozess macht es Sinn, zwischen *Selbstkonzept,* dem Wissen um die eigene Person (Über welche Kompetenzen verfüge ich? Was sind meine Fähigkeiten und Fertigkeiten, Stärken und Schwächen?), und dem»*Selbstwert,* der evaluativen Komponente, der Selbstbewertung, zu unterscheiden« (Jacob u. Potreck-Rose, 2004, S. 206). Die Autoren differenzieren zudem zwischen dem leistungsbezogenen Selbstwert, dem sozialen Selbstwert und dem körperbezogenen Selbstwert.

Selbstwert am Arbeitsplatz

Für Führungskräfte steht vor allem ein Teilaspekt des Selbstwerts, die Beliebtheitsorientierung, oft im Widerspruch zu den Rollenanforderungen. So gut eine Teamorientierung sicher ist, sie sollte frei entschieden und nicht von der Angst vor Konflikten motiviert sein. Führungskräfte mit instabilem Selbstwert moderieren oft nur und führen nicht. Es fehlt ihnen an Eigeninitiative, Entscheidungsfreude und Habitus. Erfolgreiche Führung und Beliebtheit schließen sich situativ schon mal aus. Im *passiven Modus* fällt es schwer, Vorschläge zu machen und Entscheidungen zu treffen (sie könnten ja falsch sein). Trotz der im Rahmen der Diskussion um psychologische Sicherheit (Edmondson, 2019) ständig geführten Debatte um die Fehlerfreundlichkeit als Innovationsmotor, führt bei diesen Klientinnen der Fehler nicht zum Lernen, sondern zur Rumination über die eigene Wertigkeit oder gar zur Infragestellung dieser in Gänze. Fehler können zweifelsohne unangenehme Folgen haben, aber Selbstanklage und Scham saugen zusätzliche Kräfte und diese stehen nicht zur konstruktiven Wiedergutmachung zur Verfügung. Ziel wäre an dieser Stelle, einen verzeihenden Umgang mit sich selbst und eine Einfühlung in die situativen Bedingungsgefüge zu erreichen.

Im *aktiven Modus* werden kontraphobisch Vorschläge und Entscheidungen getroffen: Besser irgendwas zu tun, als nichts zu tun. Abwägen und Besonnenheit stellen keine Leitlinien des Handelns dar. Forcierte Selbstsicherheit im aktiven Modus zeigt sich in leichter Kränkbarkeit bei Konfrontation oder fehlender Resonanz. Ein wichtiges Merkmal ist die Entwertung anderer. Die Person erlebt eine Entlastung von ihrem zumeist unbewussten Minderwertigkeitserleben, wenn Dritte (Mitarbeitende, Kolleginnen, Vorgesetzte) herabgewürdigt werden und sie den narzisstischen Triumph für Momente in den Händen hält. Das vorsichtige Vorgehen der Coach ist ratsam, da sich die Entwertung schnell auch gegen die Beratende richten kann, sie als Container für den abgewehrten Liebensunwert (Wurmser, 2019) funktionalisiert werden kann.

▶ Fallbeispiel

Zum Ende eines ersten Sondierungsgesprächs bemerkt der Klient: »Ich bin gespannt, was Sie am Ende unseres Prozesses von mir gelernt haben werden«. Hoffentlich, so könnte man es in Anlehnung an Freud formulieren, lässt auch der Klient die Coach verändert zurück. Dennoch weist diese ungewöhnliche Eröffnung auch auf ein für den Klienten typisches Muster der Konfliktbearbeitung hin. Anlass des Coachings war ein »Nichtereignis« (Preiser, Auth u. Buttkewitz, 2005): Der Klient berichtete direkt an den Vorstand eines großen Konzerns. Er sah sich nach einem Assessment-Center mit dem Ergebnis konfrontiert, im Unternehmen nicht für eine Führungsposition in Frage zu kommen.

Wir finden in der Erstbegegnung mit dem Neuen und Fremden eine problemgesteuerte Inszenierung, die charakteristisch für die Persönlichkeit des Klienten und für »das Problem« ist. Die Probleminszenierung ist überwiegend unbewusst. Die Coach wird zu einer aktiven Rollenübernahme herausgefordert und reagiert unbewusst auf die Rollenvorgaben. Das innere Objekt des Klienten wird auf die Coach projiziert, im Fallbeispiel (s. o.) mit kompensatorischer Großartigkeit. Dieser Modus lässt erahnen, wie er den Kontakt mit Mitarbeitenden, Kollegenschaft oder Autoritäten gestaltet. Durch Wahrnehmung und Interpretation von Übertragungs- und Gegenübertragungsphänomenen erhält die Coach wichtige Informationen über Problemaspekte, die dem Klienten oft nicht oder noch nicht bewusst sind, die er aber unbewusst »inszeniert«.

Ziel im Coaching ist das Erreichen eines integrierten Modus: Die Stabilisierung des professionellen Selbstwerts über die Zeit. Ein Grundbedürfnis aller Menschen besteht nach Selbstwertschutz und sogar Selbstwerterhöhung (Grawe, 2000). Wir haben das Bedürfnis, den Selbstwert anerkannt und bestätigt zu wissen, das Bedürfnis, uns selbst als gut, kompetent, wertvoll und von anderen geliebt zu fühlen. Ziel für das Coaching ist zudem, die Klienten in die Lage zu versetzen, eine robustere Realitätsprüfung vorzunehmen, Feedback mit offenem Visier in Empfang zu nehmen, ohne in Unwert oder Großartigkeit zu regredieren, sowie Konfrontationen zu ertragen. Insbesondere bei struktureller Beeinträchtigung und dem Dominieren von Spaltungsprozessen zur Abwehr ist hier große Vorsicht geboten. Differenziertes und konstruktives Feedback gilt zwar allgemein als *die* Allzweckwaffe zur Entwicklung der Persönlichkeit, zur Steigerung der Team-Performance und als Voraussetzung dafür, dass eine Organisation insgesamt lernfähig wird. Unter Umständen muss aber erst einmal oder zeitgleich an der Verbesserung der strukturellen Funktionen (z. B. Selbstwahrnehmung, Affekttoleranz etc.) gearbeitet werden, damit Feedback überhaupt als konstruktiv erlebt werden kann. Für die Coach ist ein distanziertes Erleben sowohl beim passiven als auch aktiven Modus typisches Gegenübertragungs-Phänomen. In beiden Modi kann es zur komplementären Gegenübertragung der strafenden, entwertenden, disziplinierenden Haltung kommen (Racker, 2017).

Wesentliche Arbeitsprinzipien

Was verhilft im Coachingprozess zum stabilen professionellen Selbstwert? Die Stabilisierung des professionellen Selbstwerts durch die Coach, also die Stärkung eines positiven Selbsterlebens, gern auch im Kontext konkreter Interaktionssituationen der Arbeitswelt, ist zunächst einmal das Mittel der Wahl, um die Klienten für die Bewertungsmuster zu sensibilisieren. Die Selbstbewertung zu verändern, ist leicht und kann unter Umständen sofortige Wirkung zeigen. Jedoch sind wir mit Roth und Ryba (2019) auf einer Linie, dass die kognitive Umstrukturierung nicht die notwendigen tieferen Hirnschichten erreicht, die es bräuchte, um das Selbsterleben nachhaltig zum Günstigen zu verändern. Ebenso wenig nachhaltig sind Bestätigung und Anerkennung durch den Coach. Der Selbstwert soll ja über eine gewisse Zeit stabil bleiben können, ohne dass jemand diesen von außen wie durch ein Klettergerüst stützt. Aus der Fremdbewertung muss die positivere und differenzierte Selbstbewertung werden, um die Gefahr der Abhängigkeit zu bannen. Sonst bleibt die Stabilität nur ein passageres Phänomen. Sicherlich tun Wohlwollen, positives Feedback, das Herausarbeiten der Stärken den Klientinnen wohl. Es kann Wahrnehmungsverzerrungen zeitweise korrigieren, den Blick für das Erreichte richten helfen. Die Abhängigkeit des Selbstwertes eines Klienten vom Gegenüber (in diesem Fall der Coach) wird durch diese Strategie jedoch nur gefestigt. Günstiger ist es mit den Klienten zu erarbeiten, *wie* sie selbst Einfluss auf ihren Selbstwert nehmen und wie sie durch eigene Bewertungen ihren Selbstwert höchst persönlich rauf- und runterregeln können. Es lohnt im Coaching folgender Frage nachzugehen: Was sind die Knöpfe, die gedrückt werden müssen, damit die Selbstwertskala herauf- und herunterreguliert wird? Die Festlegung höchst selbst vorzunehmen, ermöglicht Autonomie. Andernfalls bietet der Selbstwert einer Führungskraft eine ideale Manipulationsmöglichkeit. Mitarbeitende können gezielt selbstwertdienlich oder herabwürdigend interagieren und die Führungskraft in Abhängigkeit bringen. Ist jedoch klar, dass die Klientin selbst »Täterin« ist, indem sie sich die Botschaften der Gegenüber zu eigen machen muss, damit diese Einfluss auf das innere Erleben haben, entstehen Spielräume. Kritik kann geprüft und für angemessen, nicht zutreffend oder aber nachdenkenswert erachtet werden. Auf diese Weise kann aus einem vermeintlich äußeren Konflikt ein innerer werden, der bearbeitet werden kann. Passager macht es Sinn, sich im Coaching der Lebensgeschichte der Klientinnen zu widmen, *in die Biografiearbeit* einzusteigen. Häufig lassen sich herabsetzende und vernichtende Erlebnisse der Klientinnen vor allem in der sekundären Sozialisation in Schule und Ausbildung finden, die den Hintergrund der Selbstwertinstabilität bilden und zu Selbststigmatisierung führen. Die Erzählung situativer Vignetten kann in der Coachingarbeit helfen, die Folie des »Dort und Damals« von der Wahrnehmung des »Hier und Jetzt« zu trennen. So begleitet die Coach zum Beispiel Beschämungen durch Lehrpersonen mit einer wohlwollenden, empathischen Haltung, die durchaus schon durch Übernahme dieser Coachperspektive Veränderung der Selbstbewertung erzeugen kann. Die Arbeit an der Übertragung (Körner, 2017) hat zum Ziel, die Verwechselung der kränkenden Personen aus der Vergangenheit mit dem heutigen Gegenüber aufzulösen und auf diese Weise zu einer differenzierten Wahrnehmung zu kommen. Übungen zur Verbesserung der Narration, der Erzählung der eigenen Lebensgeschichte, haben einen günstigen Effekt, nicht nur wegen der fürsorglichen Perspektive auf sich selbst – sie trainieren zudem angemessenes Bewerbungsverhalten (Drake u. Stelter, 2014).

Real-Selbst und Ideal-Selbst: Die Reduktion der Diskrepanz zwischen Real-Selbst und Ideal-Selbst kann auf unterschiedliche Weise erfolgen. Sind Real- und Ideal-Selbst erst einmal ausreichend exploriert, bieten sich auch kreative Formen der Darstellung an: Zeichnungen, Kollagen, Skulpturen können die Diskrepanz veranschaulichen und zur Selbstdiagnose einladen. Maßvolle Interpretationen seitens der Coaches lassen entweder das Anspruchsniveau sinken und/oder den immer bewertenden Blick auf das Selbst verändern. So könnte die Frage »Was ist gute Führung?« in Verbindung mit der Antwort »Wann ist Führung *good enough*« in Abwandlung des Winnicottschen Paradigmas hilfreich sein.

Auch die *Zweistuhlarbeit* bietet sich an, wenn die Realitäts- und die überhöhte Wunschwelt auf unterschiedliche Stühle platziert werden und sich in einen Dialog begeben. Die ausführliche Betrachtung dieser beiden Instanzen kann versöhnlich wirken und zu einem »Ich bin ganz o. k.« führen.

Die Rolle der Bewertung: Durch erlebnisaktivierende Methoden in Kombination mit dem bewährten ABC-Modell von Ellis (Action/Ausgangssituation, Belief/Bewertung der Situation und Consequences/ Gefühls- und Verhaltenskonsequenzen) kann die Differenzierung zwischen objektivierbarem Geschehen und den subjektiven Bewertungen getroffen werden, die oft wenig selbstwertdienlich sind und damit negative Affektlagen erzeugen. Selbstwertdienlich hingegen ist die Erkenntnis, dass die Klientinnen die Bewertungen selbst in Händen halten und mit anderen günstigeren Selbstwertungen experimentieren können. Stavemann (2011) schlägt einen sokratischen Dialog zur Frage »Was ist ein wertvoller Mensch?« vor: Der ausführliche Disput führt immer zu der Erkenntnis, wie unsinnig es ist, pauschale Gesamtwerte zu bestimmen.

3.5 Verantwortung[8]

Das Konfliktfeld von Selbst- versus Fremdbeschuldigung bezeichnen wir im Arbeitskontext als Kontinuum von Verantwortungsübernahme versus -zurückweisung (Kotte et al., 2019; Benecke u. Möller, 2019). Ein adäquater Umgang mit Verantwortung stellt in der heutigen Arbeitswelt insbesondere für Führungskräfte eine wesentliche Kernkompetenz dar (Redmann, 2017). Menschen, denen es gelingt, ihr Handeln mit den Aufgaben und Zuständigkeiten in Einklang zu bringen, die tatsächlich an ihre berufliche Rolle geknüpft sind, haben gute Voraussetzungen, sich im Rahmen ihrer Arbeit vor Überbelastung oder aufgaben- und rollenbezogenen Konflikten bewahren zu können. Dem Thema »Verantwortung« kommt im Coaching eine wesentliche Bedeutung zu. Mit der weiter fortschreitenden Digitalisierung, den demografischen Entwicklungen und dem gesellschaftlichen Wertewandel geht einher, dass sich die Organisation von Arbeit fortlaufend verändert (Ameln, 2018; Kozica, Müller u. Roser, 2021). Zentrale Merkmale aktueller Arbeits- und Organisationsstrukturen sind die ausgeprägte Flexibilisierung und die hohe individuelle Selbstverantwortung bezo-

---

8 Unter Mitarbeit von Michael Stoll.

gen auf Arbeitszeit, Arbeitsort, Arbeitsinhalte, Methoden und Arbeitsorganisation. Damit ist verbunden, dass die Fähigkeiten zum Selbst-
management für Berufstätige wichtiger denn je werden. Neben dem
Vermögen zu Abgrenzung, Priorisierung und Informationsfilterung
oder einem konstruktiven Umgang mit Unterbrechungen ist die ver-
antwortungsvolle Selbstorganisation von zentraler Bedeutung (Kozica
et al.). Ein adäquates Verantwortungsempfinden ist hilfreich, um Zuständigkeiten und Rollen angemessen ausfüllen zu können. In dem
Maße, wie formale Organisationsstrukturen loser und Aufgabenzu-
schreibungen freier ausgehandelt werden, steigt die Anforderung an
Beschäftigte, eigenverantwortlich tätig zu werden und Verantwortun-
gen entsprechend eigeninitiativ zu übernehmen oder auch abzugrenzen (Giernalczyk, Albrecht u. Bauernschmitt, 2019). Es stellt sich nun
die Frage, wie Coaching dazu beitragen kann, dass den betreffenden
Klientinnen ein adäquater Umgang mit Verantwortung *(integrierter
Modus)* im beruflichen Kontext gelingt. Nicht zuletzt sind auch im Verlauf des Coachingprozesses Verantwortlichkeiten zwischen Coach und
Klient zu klären und zu wahren. Insofern sind auch Coaches gefordert,
selbst einen angemessenen Umgang mit Verantwortungsübernahme
bzw. -zurückweisung zu pflegen.

Verantwortung am Arbeitsplatz

Im Coaching begegnen uns Menschen, die sich für Angelegenheiten
verantwortlich fühlen, welche, rational und von außen betrachtet,
nicht in den Verantwortungsbereich ihrer beruflichen Rolle fallen
(passiver Modus). Auch kann bei Coaches der Eindruck entstehen,
dass Klientinnen ihrer Verantwortung nicht nachkommen und stattdessen gerne andere für bestimmte Tätigkeiten oder auch missliche
Ereignisse im Arbeitskontext verantwortlich machen, ohne den Eigen-
anteil sehen zu wollen (aktiver Modus). Beide skizzierten Erlebens-
und Verhaltenstendenzen erscheinen nicht angemessen, wenn sie in
unflexibler Weise perpetuierend zu Tage treten. Führungspositionen

werden im *passiven Modus* des Konflikts tendenziell vermieden; zumal Karrieresprünge und Erfolge eher Schuldgefühle oder Kompetenzscham (Möller, 2012) auslösen als positive Emotionen wie Stolz oder Freude. Dabei werden Misserfolge innerhalb der Organisation oftmals dem eigenen Fehlverhalten zugeschrieben (internale Attribution). Selbst Schuldgefühle dahingehend, dass das Wetter beim Betriebsausflug nicht optimal war, sind zu beobachten. Dies geht meist mit Belastungen einher, die auf die Dauer in Stress oder gar Burnout münden können (Stoll, 2022). Personen im *aktiven Modus* neigen dazu, andere für Aufgaben oder auch Fehler verantwortlich zu machen, die ihrem eigenen Aufgabenprofil zugehörig sind. Sie zeigen nicht selten egoistische bis grenzüberschreitende Verhaltenstendenzen. Vordergründig verfolgen sie (teilweise rücksichtslos) persönliche Vorteile und räumen eigene Fehler selbst bei offenkundiger Verantwortung nur unter Druck ein.

▶ Fallbeispiele

Eine Klientin kommt neu in eine Geschäftsführungsposition innerhalb eines Teams von fünf Geschäftsführenden. Infolge ihres feinsinnigen strategischen Blicks erkennt sie zahlreiche Schwachstellen und Handlungsfelder der Organisation. Sie hat den Eindruck, die Herausforderungen alle gleichzeitig und allein bedienen zu müssen und dies in einer gut koordinierten Weise, die zugleich von allen Beteiligten akzeptiert ist. Sie setzt sich stark unter Druck, ihre Arbeitstage werden länger und länger und sie gerät in Konflikte mit anderen, die daraus resultieren, dass sie ihre Zuständigkeiten überschreitet. Sie fühlt sich verantwortlich bis schuldig, dass sie den Aufgaben, die sie sich selbst definiert, nicht hinreichend nachkommen kann.

Eine Führungskraft einer Versicherung kommt in ein Coaching und berichtet, dass sie gerne etwas zum Thema »Organisationskultur« besprechen würde. Nach und nach erfährt der Coach im Gespräch, dass sich eine Kollegin auf gleicher Führungsebene aktuell mit der Organisationskultur des Unternehmens befasst und hier Veränderungen plant. Die Führungskraft schlägt dem Coach vor, dass dieser doch bitte ein maßgeschneidertes Positionspapier anfertigt, das Leitlinien zur Unternehmenskultur enthält. Diese könne sie dann unternehmensintern präsentieren. Sie selbst wolle sich mit dem Thema inhaltlich nicht näher befassen. Als der Coach ablehnt und auf die Wahrung der Verantwortlichkeiten im Coachingprozess hinweist, bricht die Führungskraft das Coaching empört ab.

Zielstellung und Diagnostik

Das Thema der Verantwortung taucht im Coaching eher implizit auf. Insbesondere wenn Klientinnen in organisationalen Veränderungsprozessen involviert sind und es um Neubesetzungen von Rollen oder auch allgemein um Rollenklärung geht, ist es sinnvoll, sich ein Bild zu machen, wie der Klientin die Balance zwischen Verantwortungsübernahme und -zurückweisung gelingt. Im Coach entsteht die Hypothese zum inadäquaten Umgang mit Verantwortung, wenn die Klienten von konkreten Situationen, Begegnungen oder auch Konflikten im Arbeitskontext berichten. Das Interpretationsmuster *Verantwortungskonflikt* liegt dann nahe, wenn Klientinnen sich über ein adäquates Maß hinaus verantwortlich fühlen, häufig Selbstvorwürfe formulieren oder aber in übersteigertem Maße andere verantwortlich machen, ohne eigene Verantwortlichkeiten anerkennen zu wollen. In der Gegenübertragung mit den Klienten des passiven Modus bemerken Coaches, dass sie in übervorsichtiger Weise bemüht sind, der Tendenz zur Selbstbeschuldigung entgegenzuwirken (Benecke u. Möller, 2019). In der Interaktion mit den Klienten des aktiven Modus kann es sein, dass Coaches den Impuls realisieren, die Klienten massiv konfrontieren, begrenzen oder »zurechtweisen« zu wollen. Auf Basis der diagnostischen Einordnungen lässt sich die grundlegende Zielstellung ableiten, einen ausgewogenen Umgang mit Verantwortung erlangen zu wollen, das heißt, der Klient kann situationsadäquat Verantwortung übernehmen oder zurückweisen. Auf Seiten des Coaches bedarf es hierfür zunächst einer entsprechenden diagnostischen Kenntnis der Arbeitsaufgabe und der Organisationskultur. Das Ausweichen vor einer Verantwortungsübernahme kann auch ein kollektiver Abwehrmechanismus im gesamten Unternehmen sein. »Wir alle waschen unsere Hände in Unschuld«, ob es um den Dieselskandal, das Wegsehen bei elterlicher Gewalt durch Jugendämter oder sexuelle Gewalt in der Kirche geht. Im Coaching ist die besondere Herausforderung, die Klientinnen zu ermutigen, als Einzige offenzulegen, »dass der Kaiser nackt ist«, also eine Konfrontation mit der unangenehmen Seite der Realität zu forcieren. Unterstützt wird diese Ermutigung durch eine Umdeutung der Werte in Unternehmen: *Whistleblowing* bekommt gerade eine positive Zuschreibung als konstruktiver Schutz der Integrität des Unternehmens.

Wesentliche Arbeitsprinzipien

Grundlage eines maßgeschneiderten Interventionsrepertoires ist unter anderem das Selbst- und Beratungsverständnis der Coaches (Ryba, 2014). Während die Struktur- und die Prozessverantwortung, also der Ablauf, die Rahmenbedingungen, die Arbeitsweise, die eingesetzten Methoden etc., beim Coach liegen, tragen die Klientinnen die Verantwortung für den Inhalt, also ihr Anliegen und die erarbeiteten Ergebnisse (Bachmann u. Steinke, 2019). Das Setting im Coaching kann als Übungssituation exemplarisch genutzt werden, da sich Verantwortungsübernahme im Hier und Jetzt des Coachingsprozesses für beide Beteiligten erfahrbar zeigt: Wünscht der Klient fertige Lösungskonzepte (aktiver Modus) oder fühlt er sich gar für den Ablauf und die Rahmenbedingungen des Coachings verantwortlich (passiver Modus)? Diese szenischen Informationen können durch eine direkte, wertschätzende Ansprache somit unmittelbar zur Konfliktbearbeitung genutzt werden. Oftmals ist eine Verbindung zu Situationen aus dem Arbeitskontext erkennbar, in denen die

Klienten zu ähnlichen Erlebens- und Verhaltenstendenzen neigen. Im Sinn einer »aufdeckenden Arbeit« (Benecke, 2017, S. 101) wird durch die direkte Ansprache und Verwertung der szenischen Informationen das Problembewusstsein der Klientinnen zu ihrem Umgang mit Verantwortung gefördert. Zur Anregung der Selbstreflexion gehört, wie schon aufgeführt, auch der Blick in biografische Hintergründe, die verstehbar machen, wie und unter welchen Umständen sich die Erlebens- und Verhaltenstendenzen des aktiven bzw. passiven Modus entwickelt haben und welche Funktion sie erfüllten (Motivklärung). Die Frage »Kennen Sie das irgendwoher, was Sie da bei der Arbeit erleben und hier beschreiben?« kann einleiten, dass die Klientin eine Verbindung zu vergangenen Erfahrungen herstellt, die hier und heute für sie relevant sind, da sie ihr Erleben und Handeln im Rahmen der Arbeit prägen bzw. beeinträchtigen. Coaches machen nicht selten die Erfahrung, dass sich die Klienten der Lösung ihrer Anliegen nähern, wenn sie eine Einsicht dieser Zusammenhänge erlangen. Darauf aufbauend kann durch Anleitung und Unterstützung des Coaches daran gearbeitet werden, dass es den Klientinnen gelingt, jene Situationen und Ereignisse in ihrem Berufsalltag ausfindig zu machen, die triggern, dass sie sich übermäßig verantwortlich fühlen bzw. jedwede Verantwortung von sich weisen. Ein zentrales Konzept im Coaching, welches mit dem Thema »Verantwortung« eng verwoben ist, stellt der Umgang mit Rollen dar (Kühl, 2018). Dabei geht es oft um die Klärung von Rollen und um implizite Erwartungen, die von Team- und Organisationsmitgliedern bzw. -kolleginnen an die jeweilige Rolle der Klienten gestellt werden (Giernalczyk u. Möller, 2018). Eine klärende Ordnung der organisationalen, rollenbezogenen Verantwortungszusammenhänge kann hilfreich sein, um sich zu vergegenwärtigen, in welchem Maße Verantwortung zu übernehmen oder zurückzuweisen ist. Hierzu setzen Coaches Flipcharts oder Aufstellungen ein, um die Klientinnen im Kontext ihrer Rollenpartner darzustellen und die Verantwortungsstrukturen, die aus der Definition und dem Verständnis von den beteiligten Rollen resultieren, verdeutlichen zu können. Im Rahmen des Coachings werden auch Gespräche mit Rollenpartnerinnen simuliert oder durch psychodramatische Methoden des Rollentauschs vorbereitet, um implizite Erwartungen an die Rolle(n) der Klienten erfahrbar machen zu können. Für Klientinnen, die zu einem übersteigerten Verantwortungsempfinden neigen (passiver Modus), kann dies besonders handlungsaktivierend sein, da sie mit einem klärenden Gespräch die Gelegenheit schaffen, inadäquate Verantwortungszuschreibungen aktiv abzugrenzen (Stoll, 2022).

Reflexionsfragen für Coaches:

► Selbst- und Beratungsverständnis: Coaches reflektieren bestenfalls ihre Haltung zu den Fragen der Verantwortlichkeiten im Coachingprozess. Welche Aufgaben hat der Coach? Wofür ist die Klientin verantwortlich?

► Relevanz von Verantwortlichkeiten: Implizit geht es innerhalb der jeweiligen Anliegen im Coaching häufig um Verantwortungsübernahme bzw. -zurückweisung. Wie macht sich dies im Coachingprozess bemerkbar und inwiefern könnte es hilfreich sein, das Thema zu explizieren?

► Diagnostik: Auf Basis der OPD lassen sich die oben angeführten diagnostischen Einordnungen vornehmen. Inwiefern sind bei den jeweiligen Klienten die beschriebenen Charakteristika erkennbar? Welchen Ursprung haben sie? Lassen sich alte Übertragungsmuster gegebenenfalls auflösen?

► Wirkfaktoren und Interventionen: Wie gelingt es im Verlauf des Coachingprozesses, die Verantwortlichkeiten zwischen Coach und Klientin zu wahren? Wie können szenische Informationen in Verbindung mit Situationen aus dem Arbeitskontext und dem biografischen Hintergrund verwertet werden? Inwiefern besteht Klarheit zu den organisationalen rollenbezogenen Verantwortungszusammenhängen, in denen sich der Klient bewegt?

3.6 Konkurrenz[9]

Das Wort »Konkurrenz« hat seinen Ursprung im lateinischen Wort »concurrere«, übersetzt etwa mit »zusammenlaufen« oder »um die Wette laufen«. Konkurrenz ist ein zentrales motivationales Thema in der Entwicklung eines jeden Menschen und kann ein starker Motor sein, um die empfundene Diskrepanz zwischen dem, was jemand hat, und dem, was die andere Person begehrt, zu überwinden und die angestrebten Ziele zu erreichen (Möller, 2005). Bereits im frühesten Kindesalter wird Konkurrenz meist in Form spielerischer Wettbewerbe geübt und ausgetragen. Wer schneller laufen, wer den Ball weiter werfen und wer sich das beste Versteck suchen kann, sind nur einige Beispiele für diese spielerische Form der Konkurrenz. Es ist zudem ein häufiges Phänomen, dass Geschwisterkinder um die Aufmerksamkeit ihrer Eltern buhlen und in Konkurrenz um die elterlichen Ressourcen treten. Wenn im Laufe der Entwicklung das Konkurrenzverhalten allerdings eine dysfunktionale Richtung einschlägt, dann entsteht aus lustvoll-spielerischem Wettbewerb Rivalität, die die Herabwürdigung oder sogar die Vernichtung des Gegenübers zum Ziel hat, indem dieses beschämt, verhöhnt oder attackiert wird (Möller, 2005). Funktionales Konkurrenzverhalten und konstruktiver Neid zeichnen sich hingegen dadurch aus, dass im Sinne eines Wettbewerbs organisationale und eigene Ziele verfolgt werden und dabei der Schaden anderer nicht intendiert ist. Destruktiver Neid (Haubl, 2009) will die wundervolle Sandburg des Nachbarn in der Nacht heimlich zerstören, wohingegen konstruktiver Neid Anlass ist, den Nachbarn bei seiner Kunstfertigkeit genau zu beobachten, um es bald genauso gut hinzukriegen.

---

9   Unter Mitarbeit von Jessica Bierwirth.

Im beruflichen Kontext steht die Betrachtung der Konkurrenz innerhalb des ödipalen Konflikts im Mittelpunkt (s. Eingangskapitel). Im *integrierten Modus* des ödipalen Konflikts sind Personen fähig zu triangulieren, haben ein ausgeglichenes Verhältnis zur Aufmerksamkeit, die ihnen zu Teil wird, und es besteht die Möglichkeit zu konkurrieren, wenn es nötig ist (Benecke u. Möller, 2019). Im *aktiven Bewältigungsmodus* werden Mitarbeitende gegeneinander ausgespielt, Rivalitäten forciert und eine permanente Konkurrenzsituation konstruiert. Diese Personen fühlen sich schnell ausgeschlossen und zeigen Neid und dysfunktionales Konkurrenzverhalten, da sie nicht imstande sind, gleichwertige Beziehungen zu zwei oder mehr Personen gleichzeitig zu halten und deren Beziehungen untereinander anzuerkennen. Zudem brauchen sie auch im Arbeitskontext eine hohe Gefühlsintensität, die von Theatralik geprägt ist, und versuchen stets im Mittelpunkt der Aufmerksamkeit zu stehen, um jede sich bietende Gelegenheit zur Inszenierung ihrer eigenen Person zu nutzen (2019). Menschen im *passiven Bewältigungsmodus* werden als unscheinbar und farblos wahrgenommen, vermeiden jedwede Form des Konkurrierens und stehen nicht gern im Mittelpunkt der Aufmerksamkeit. Aus diesen Gründen werden Führungskräfte im passiven Bewältigungsmodus eher selten anzutreffen sein (2019).

Weibliche Führungskräfte konkurrieren anders. Möller (2012) argumentiert zum Konkurrenzverhalten von Frauen, dass diese häufig nicht gelernt haben, direkt zu konkurrieren, während es für Männer selbstverständlich ist, jede Gelegenheit zu nutzen, um sich mit anderen zu messen. Frauen konkurrieren also aufgrund sozialer Rollenanforderungen meist deutlich subtiler, was letztlich der Zielerreichung im Weg stehen kann. Der Grund dafür sei, so Möller (2012), dass Frauen im Kindesalter im Rahmen der ödipalen Entwicklung aus Schuld- und Schamgefühlen heraus die Abwendung von der Mutter und Hinwendung zum Vater nicht oder nur unzureichend gelingen. Dazu kommt, dass Frauen Konkurrenz als »böse« erleben und bei

Überlegenheit schnell Angst entwickeln, aus der Bindung zu fallen. Erfolg hat dann den Preis der Einsamkeit. Bei der Einschätzung der eigenen Kompetenz sind weibliche Führungskräfte deutlich kritischer (Paustian-Underdahl, Slattery Walker u. Woehr, 2014), was zur Vermeidung des Sichtbarmachens eben dieser Kompetenzen führt.

Lohmer et al. beschreiben den histrionischen Führungsstil auf der Verhaltensebene als »action now« (2012, S. 65). Das bedeutet, es muss sich etwas bewegen, die Führungskraft muss im Mittelpunkt stehen und von allen gesehen werden. Zu den Stärken dieser Führungskräfte zählen laut Lohmer et al., dass sie die Menschen faszinieren und in der Lage sind, andere rasch für sich einzunehmen. Zudem können sie schnell Vertrautheit und Loyalität bei den Mitarbeitenden schaffen. Durch ihre Offenheit für neue Ideen und kreative Lösungen, gepaart mit einer Sensibilität für Stimmungen, Tendenzen und neue Entwicklungen, sind sie imstande, gefragte neue Produkte zu entwickeln und diese so in Szene zu setzen, dass sie sich erfolgreich vermarkten lassen. Die Schwäche dieser Führungskräfte ist, dass für Mitarbeitende häufig nicht klar ist, wieviel echter Kontakt tatsächlich möglich ist (Lohmer et al., 2012). Außerdem sind diese Personen in der Lage, Intimität vorzutäuschen, Menschen gegeneinander auszuspielen und mit anderen aus Freude an der Konkurrenz zu rivalisieren, um letztlich »ödipale Siege« davonzutragen (S. 66). Es besteht das Risiko, dass Aufgaben nicht delegiert werden, und der Drang zu demonstrieren, alles besonders gut im Griff zu haben, kann dazu führen, dass Aufgaben unerledigt bleiben und damit die Produktivität des Teams beeinträchtigt wird. Letztlich dient dieses Verhalten dazu, sich selbst und andere über die eigene emotionale Unreife hinwegzutäuschen (2012). Bei De Vries und Miller (1984) ist die Beschreibung des histrionischen Führungsstils geprägt von Selbst-Inszenierung, exzessivem Ausdruck von Emotionen, ständigem Generieren von Aufmerksamkeit auf die eigene Person, einem starken Verlangen nach Aufregung und Aktivität sowie der Unfähigkeit, sich auf eine Sache zu konzentrieren. Die zugehörige Phantasie lautet De Vries und Miller zufolge: »I want to get attention from and impress the people who count in my life«

(De Vries u. Miller, 1984, S. 39). Die Gefahren, die von diesem Füh-rungsstil ausgehen, sind Oberflächlichkeit und Beeinflussbarkeit, das Risiko, keine faktenbasierten Entscheidungen treffen zu können und auf der Grundlage von Vermutungen zu agieren sowie das Überre-agieren bei unbedeutenden Ereignissen (1984).

▶ Fallbeispiel

Eine Hochschullehrerin sitzt in einem digitalen Coaching mit mir. Es klopft an der Tür, mit zerknirschtem Gesicht, einer erschreckten und schuldbewussten Mimik und Gestik erläutert sie umständlich, dass sie nun nicht sofort mit der klopfenden Person sprechen kann. Die Beob-achtung dieser Szene ermöglichte die Reflexion des typisch weiblichen Kommunikationsverhaltens (Trömel-Plötz, 2007), das flehende »Bitte tue mir nichts, wenn ich deine Bedürfnisse frustriere, ich schäme mich auch ganz arg dafür!« Die Souveränität einer Hochschullehrerin sieht anders aus und musste entwickelt werden.

Zielstellung und Diagnostik

Selbstreflexion, szenisches Verstehen und die Gegenübertragungs-analyse in der Arbeitsbeziehung werden als wesentliche diagnostische Instrumente verwendet. Das Thema »Konkurrenz« scheint prädes-tiniert dafür zu sein, Verstrickungen zwischen Coach und Klientin herbeizuführen, denn wer will schon gerne als die Dümmere oder Schwächere in einer Beziehung gelten? Coach und Klient können in einen Wettstreit geraten, wer die (Management-)Welt besser kennt und erklären kann. Aus diesem Grund ist es für Coaches überaus wichtig, sich mit der eigenen Haltung zur Konkurrenz auseinander-gesetzt zu haben, um einer wie auch immer gearteten Verstrickung mit den Klienten vorzubeugen. Weder ein gemeinsamer narzisstischer Höhenflug noch das Austragen einer Rivalität sind der Coachingbeziehung und damit dem Coaching insgesamt zuträglich. Umso wichtiger ist hingegen, im Sinne des szenischen Verstehens, bestimmte Verhaltensaspekte der Klientinnen zu beobachten, gemeinsam aufzugreifen und zu reflektieren, um diese interaktionellen Muster zu brechen. Dabei ist es elementar, dass die Coach imstande ist, sich selbst zu beobachten, eine stetige Gegenübertragungsanalyse vorzunehmen und gegebenenfalls der Klientin diese Gegenübertragung in einer wohlwollenden Weise mitzuteilen.

Wesentliche Arbeitsprinzipien

Bei der Bearbeitung des Themas »Konkurrenz« ist es im Coaching zunächst von großer Bedeutung herauszustellen, dass es einen Unterschied zwischen konstruktivem und destruktivem Modus der Konkurrenz gibt. Das In-Konkurrenz-gehen-können ist für den beruflichen Erfolg ein wesentlicher Aspekt, während das ständige In-Konkurrenz-gehen-müssen zu Problemen führt und höchst strapaziös ist. In diesem Zusammenhang ist explizites Ziel des Coachings, Bilder funktionalen Konkurrenzverhaltens zu entwickeln. Was ist lustvolles ergebnisorientiertes Konkurrieren? Was steht am Ende eines ausgetragenen Wettbewerbs? Das friedvolle Szenario lautet: Auf der einen Seite die Vergewisserung der eigenen Identität und damit ein realistischer Blick darauf, was ich kann (Stärken), was ich im Moment nicht vermag (Schwächen) und eine nicht kränkende Antwort auf die Frage zu finden, wie ich im Vergleich zu anderen dastehe. Es gilt im Coachingprozess die natürliche Größe zu finden, sich sowohl von der Illusion der Kleinheit (passiver Modus) als auch der Übergröße (aktiver Modus) zu lösen, die jeweils aktiv sind, wenn die ödipale Niederlage stets vermieden wurde. Auf der anderen Seite macht eine ausgetragene Konkurrenz neben der Selbstvergewisserung die Anerkennung der Differenz (Honneth, 2010) möglich: »Ich habe gute strategische Ideen und mein Kollege kann sehr gut akquirieren«. Über die Anerkennung der Differenz kann eine Freude an der Kooperation entwickelt werden, wenn erlebbar wird, dass beide Kolleginnen gemeinsam weitaus bessere Ergebnisse erzielen als jede für sich. Damit entsteht Raum für Innovation.

Das Muster der Konkurrenz zugunsten der Kooperation zu verlassen setzt die Konfrontation mit der Frage voraus, mit welchen Gefühlen die Klientin in Kontakt kommt, wenn die Bühne fehlt. Durch die Methode der Introvision (Wagner, Kosuch u. Iwers, 2020) kann eine kleine systematische Selbstsensibilisierung in Gang gesetzt werden. Die Methodik des Inneren Teams (Schulz von Thun, 2007) macht es möglich, einen Rollenwechsel zu vollziehen. Zudem kann erarbeitet werden, was der schnell gelangweilte, schnell entwertende Aspekt der Persönlichkeit bräuchte, um dieses innere und äußere Verhalten abzuwandeln.

Führungskräfte mit ödipalen Konfliktmustern lassen sich dann für Veränderung gewinnen, wenn ihnen die automatisierten Verhaltensbereitschaften deutlich werden, die Abhängigkeit von anderen Personen und damit Manipulierbarkeit bedeuten. Dazu eignen sich erlebnisaktivierende Methoden, etwa der *psychodramatische Rollentausch* und/oder *Mentalisierungsübungen*. Beides können vielversprechende Wege sein, Interaktionen besser zu verstehen.

Für Klientinnen im passiven Bewältigungsmodus sind die unter Selbstwirksamkeit und Selbstwert beschriebenen Methoden hilfreich. Sie werden vor allem durch supportive Interventionen wie den inneren Beistand oder angstmindernde Methoden wie die *Desensibilisierung* in sensu ermutigt, sich zu zeigen und wenn nötig sich Konkurrenzsituationen zu stellen und ihren »Fluchtimpuls« zu regulieren.

3.7 Identität[10]

Coaching als gezielte Veränderungsarbeit an Deutungs- und Handlungsmustern (Schreyögg, 2012) ist immer auch Arbeit an der Identität. Identität im beruflichen Kontext ist nie eine individuelle Frage, son-

---

10 Unter Mitarbeit von Sarah Trumpp.

dern stets ein Zusammenwirken von Person, ihrer Funktion und Profession: die sogenannte beraterische Grundtriade (s. Rappe-Giesecke, 2017). Diese bildet nun eine Schnittstelle zur Organisation und zur Systemumwelt. Deshalb ist die Identität eines Klienten auch nicht von der Person allein definier- und veränderbar, sondern immer abhängig von der Branche, der Unternehmenskultur, in der jemand tätig ist, der Stellung in der Hierarchie und den spezifischen Aufgabenprofilen. Hinzu kommt, dass jeder Mensch eine durch gesellschaftliche Prozesse geformte Identität hat, die mehrere Teilidentitäten vereint: Ich bin Schönheitschirurgin, Mutter, Ehefrau, Chorsängerin und Jägerin. Die berufliche Identität entsteht im Wesentlichen durch Interaktion mit Kolleginnen, Führungskräften und Mitarbeitenden. Mead (1978) beschreibt den Prozess der Selbstwerdung im symbolischen Interaktionismus als »Me and I« (deutsch häufig mit »ICH« und »ich« übersetzt). Das »I« (personales Selbst) bezeichnet Spontanität, Kreativität und das einmalig Subjektive. Diese Instanz reagiert auf die Blicke, Ansprache, Verhaltensweisen der anderen mir gegenüber. Das »Me« (soziales Selbst) bezeichnet die Vorstellungen und Erwartungen, die andere von mir haben, es bewertet und strukturiert die personalen, spontanen Impulse. Damit ist der soziale Aspekt der Identität beschrieben und die lebenslange Aufgabe, die niemals abgeschlossen ist, die unterschiedlichen Perspektiven in ständigem Dialog zwischen »I« und »Me« zu einem Gesamtbild zu synthetisieren.

Identität am Arbeitsplatz

Liegt ein Identitätskonflikt vor, kann dieser im aktiven oder passiven Modus bewältigt werden. Coaching ist somit Arbeit an der Identitätskonstruktion der Klienten. Im *aktiven Modus* verfügen sie über eine starke Fassade, als ob sie identisch mit den externen Erwartungen werden oder sich eine geliehene Identität zugelegt haben. Durch Überanpassung gelingt es ihnen oft nicht, einen bleibenden Eindruck beim Gegenüber zu hinterlassen. Kompensatorisch wird in Ermangelung tragfähiger beruflicher Identität viel Wert auf Geld und Besitz gelegt. Sich einer Gruppe der Ferrari-Fahrenden zuzuordnen, durch einen bestimmten Kleidungsstil dazuzugehören etc. tritt an die Stelle einer kohärenten Identität.

Der *passive Modus* ist gekennzeichnet durch einen Eindruck des Identitätsmangels. Der Konflikt wird bagatellisiert und Situationen, die mit der Unsicherheit in Bezug auf die Identität konfrontieren, werden vermieden. Im passiven Modus der unsicheren Identität spielen viel Angst und das Fehlen einer Konsistenz eine Rolle. *Roletaking* und *Roleplaying,* wie Moreno (Ameln u. Kramer, 2014) es nannte, sind nicht gelungen, Unlust an der Arbeit kann dominieren und vor allem wirken unterschiedliche Teilidentitäten nicht integriert. Die Fragestellungen im Coaching, die auf einen Konflikt im Bereich der professionellen Identität schließen lassen, kreisen oft um die Form der Ausgestaltung der Führungsrolle. Ein Großteil der Studien zur Identität im Arbeitskontext fokussieren Führungsidentität und deren Entwicklung und wie diese durch Coaching gefördert werden kann. Führung als sozial definierte Rolle entwickelt und verändert ihre Identität durch die Interaktion mit Mitarbeitenden, implizit aber durchaus auch proaktiv, wenn Rückmeldung zur eigenen Positionierung eingeholt wird. Da Führungskräfte meist in mehreren Teams und Projekten involviert sind, besteht die Teilidentität der Führungsrolle aus multiplen Identitäten. Durch die erfolgreiche Bewältigung verschiedener Anforderungen entwickelt sich eine beständige übergeordnete Führungsidentität, auf deren Basis flexibel verschiedene führungsbezogene Rollen eingenommen werden können. Wichtig für erfolgreiche Führung ist, dass diese Führungsidentität einen hohen Stellenwert im Selbstkonzept einer Person einnimmt (Ibarra, Wittman, Petriglieri u. Day, 2014). Die Führungsidentität ist dann Teil einer übergeordneten Identität einer Person. Die Entwicklung der Führungsidentität wird als lebenslanger Prozess verstanden, der alle Lebensbereiche, berufsbezogen und privat, einbezieht und sich in drei zyklischen, sich wiederholenden Phasen (der unterentwickelten, der sich formenden und der gut ausgebildeten Führungsidentität) vollzieht. Identitätsunsicherheit wird mit den ersten beiden Stadien assoziiert und gehört zu einem normalen Entwicklungsprozess der Führungsidentität (Skinner, 2020), der kein linearer Prozess ist und immer wieder Phasen der Unsicherheit kennt. Nicht selten wird zunächst eine provisorische Führungsidentität kreiert, die erprobt und immer wieder modifiziert wird (Donnellon, Ollila u. Middleton, 2014).

▶ Fallbeispiele

Aktiver Modus: Der Klient ist Führungskraft in einem Unternehmen der Telekommunikationsbranche und führt 400 Mitarbeitende. Kleinlaut erzählt er mir im Erstgespräch, dass er nur einen Hauptschulabschluss habe. Es gelinge ihm nicht, Stolz darauf zu entwickeln, dass er es so weit in der Hierarchie geschafft hatte. Eher dominierte die Angst, eines Tages komme man ihm auf die Schliche und es würde offenbar, dass er nichts könne. Gemäß dieses als Hochstapler-Syndrom bekannten Phänomens zeigte weder das Lob von Kolleginnen, Mitarbeitenden oder Führungskräften Wirkung, um vom Eindruck eigener Unfähigkeit abzurücken, noch half die Vergegenwärtigung seiner objektivierbaren herausragenden Leistungen, die Selbstzweifel loszuwerden. Seine Position verdiene er dem Zufall oder der Fehleinschätzung seines internen Mentors. Coaching stellt häufig die Begleitung von Milieuwechseln dar (Böning, 2015). In der gesellschaftlich als erstrebenswert konnotierten Karriereorientierung im Sinne eines hierarchischen Aufstiegs sei der zumeist verleugnete Aspekt der Trauer erwähnt, der mit Weiterentwicklung auch immer verbunden ist: das Sicherheit spendende Herkunftsmilieu zu verlassen. Bindungen aufzugeben und offen für neue Erfahrungen zu werden, kann durch Coaching konstruktiv begleitet werden. *Passiver Modus:* Die Klientin berichtet in der berufsbiographischen Anamnese, Tochter eines rasant aufgestiegenen Managers aus dem Steinkohlebergbaumilieu und einer verarmten Adeligen zu sein. Sie wisse nicht, wer sie sei, an welchen kulturellen Bestimmungsstücken sie sich orientieren könne und schwanke in ihren beruflichen Entscheidungen immer wieder hin und her. Am Ende des Coachingprozesses war das Leid an der Frage der Identität einer großen Freude gewichen, beide Teilidentitäten genießen und je nach situativer Anforderung schnell zwischen ihnen wechseln zu können.

Identitätsdiffusionen sind nicht immer biographisch erworben, sondern auch eine Antwort auf gesellschaftliche Umbrüche wie die Neuverortung der Geschlechterrollen. Weibliche Führungskräfte sind hier mehr gefordert, denn *doing gender while doing work* hemmt ihre Spielräume weitaus mehr als die der Männer. Fehlende Vorbilder und spezifische Übertragungsangebote an Frauen in Führungspositionen machen die Frage der Identität als »mächtige« Frau zum Coachingthema. Zentral scheint der Verzicht auf Regression der Ausgestaltung der weiblichen Führungsrolle anlog zu den vertrauten Rollenkonserven: Tochter, Partnerin, Schwester, Mutter, Verführerin, Geliebte etc. (Möller u. West-Leuer, 2018). Diese geben zunächst Sicherheit, bergen aber die Gefahr, aus der beruflichen Rolle zu fallen, sich systematisch zu schwächen, und sie helfen nicht zum Aufbau einer sicheren Identität. Die Rollenmuster werden nicht immer selbst gewählt, sondern gemäß einer Führungskonzeption als interaktiver Handlungsprozess oft genug von außen an die Frauen herangetragen. Wenn weder die Tochterrolle noch die der sorgenden Mutter trägt, um erfolgreich zu sein, stellt sich die Frage: »Welche Rolle will ich spielen?« Anschaulich sei die Suchbewegung am täglichen Dilemma mit der Kleidung gezeigt: Was ziehe ich an? Hosenanzug? Jackett und Rock? Nicht zu sexy – aber dennoch weiblich, begehrenswert – aber dennoch zurückhaltend, gleichzeitig sichtbar als auch unsichtbar. Und was ist der passende Schuh: High Heels oder Gesundheitsschuhe? Die Inszenierung von Professionalität und Weiblichkeit ist keinesfalls trivial. Ein zentraler Entwicklungsschritt kann entlang der Androgynitätshypothese gegangen werden: »Rüsten Sie sich auf mit einem Repertoire, das sowohl die stereotypen männlichen als auch weiblichen Verhaltensweisen enthält. Auf diese Weise lässt sich situationsadäquat handeln!«

Zielstellung und Diagnostik im Coaching

Das Ziel im Coaching kann sein, neue Vorstellungen von sich selbst zu entwickeln, Glaubenssätze zu hinterfragen, übersehene Stärken aufzufinden, Talente zu entdecken, wie es beispielsweise häufig zu Beginn eines Coachings durch eine berufsbiographische Erzählung (Müller, 2017) möglich ist. Niemand wird explizit ein Coaching mit der klar formulierten Frage einer Identitätsdiffusion aufsuchen. Diese wird die Anfrage implizit unterlegen und wir Coaches werden sie herausarbeiten müssen. Sicher aber ist: Am Ende eines gelungenen Coachingprozesses sollte die Antwort auf die Fragen »Wer bin ich?«, »Wofür stehe ich?«, »Was macht mich aus?« nicht mehr schwerfallen. Diagnostische Informationen erhalten Coaches aus den oben beschriebenen Merkmalen, die den aktiven bzw. passiven Modus kennzeichnen.

Wesentliche Arbeitsprinzipien

Sowohl für den aktiven als auch für den passiven Modus können die Erwartungen signifikanter anderer eine zu starke Ausprägung haben. Der innere Dialog zwischen dem »I« und dem »Me« kann in eine Dysbalance geführt haben. Um den Dialog zu fördern, bietet sich auch hier die aus der Gestalttherapie stammende *Zweistuhlarbeit* an, die das Außen und das Innen des Konflikts in ein ergebnisoffenes Gespräch führt. Bedürfnisse anderer werden teilweise in die eigene Führungsidentität integriert oder aber die anderen werden von der eigenen Vorstellung zur Ausgestaltung der Führungsrolle überzeugt. Diese Technik bietet sich ebenso bei Diskrepanzen zwischen dem Real-Selbst und dem Ideal-Selbst an. Ist-Soll-Vergleiche zwischen dem Ideal-Selbst als Teil des Über-Ichs und dem realen Erleben sind oft Hintergrund nicht gesicherter Identität. Unterschiedliche Selbstanteile (Lawrence, 2018) lassen sich durch die Technik des *Inneren Teams* (Schulz von Thun u. Stegemann, 2004) zeichnen und/oder aufstellen. Teilidentitäten einer Person sind oft divers gestaltet und gehen mit unterschiedlichsten Anforderungen einher, sie werden oft als Intrarollenkonflikt erlebt. Durch den imaginativen Rollentausch nach Moreno gelingt es erlebnisorientiert, die Dynamik der Identitätsdissonanzen im Coaching zu explorieren und als konflikthaft erlebte Teilidentitäten zu versöhnen. Hilfreich ist darüber hinaus die *Panoramatechnik* (Heinl, Petzold u. Fallenstein, 1983) zu Macht und Einflussnahme. In der Imagination, die der Erstellung des Panoramas vorausgeht, werden rückwärts, von dem heutigen Datum ausgehend, Jahr für Jahr alle erinnerbaren Erfahrungen mit Autoritätspersonen (Chefinnen, Lehrer usw.) fokussiert, die die Selbstdefinition als Führungskraft sozialisiert haben mögen. Das gezeichnete Panorama bietet die Möglichkeit, einen Überblick über das berufliche Leben der Klientinnen zu erlangen und der Antwort auf die Frage »Was für eine Führungskraft will ich sein?« näher zu kommen.

Die Analyse des Bildes kann anhand der folgenden Fragen strukturiert werden:

- ► Welche Führungsmodelle haben mich geprägt?
- ► Wie genau?
- ► Was habe ich von ihm/ihr übernommen?
- ► Was davon hat sich bewährt?
- ► Wovon grenze ich mich bewusst ab?
- ► Mit welchen Autoritäten gab es Erfahrungen (unentdeckte Perlen), die ich jetzt nutzen kann und in mein eigenes Verhalten integrieren möchte?

Als förderlich für die Führungsidentitätsentwicklung werden zum Beispiel Vorbilder, Mentoren, Feedback und *critical incidences,* die durch Veränderung oder große Spannung gekennzeichnet sind, genannt (Lanka, Topakas u. Patterson, 2020). Von Skinner wird die Veränderungsbereitschaft als günstiger Faktor für die Entwicklung der Führungsidentität betont (Skinner, 2020). Hinderlich sind laut Lanka et al. (2020) Einschränkungen der Identitätsentwicklung durch organisationale Strukturen, Zurückweisung in Bezug auf die Führungsidentität durch andere und, im Gegensatz zur Annahme von Skinner (2020), auch das Gefühl von Identitätsunsicherheit oder einem Identitätskonflikt (Lanka et al., 2020). Eine sichere Identität als Führungskraft ist auch deshalb so schwierig zu entwickeln, da Führung heißt, sich Stunde um Stunde in Dilemmata zu bewegen (Neuberger, 2002). Die von Neuberger beschriebenen 13 Dilemmata seien hier nur exemplarisch am Beispiel der Dimensionen *Gleichbehandlung aller* (Fairness, Gerechtigkeit, Anwendung allgemeiner Regeln, keine Bevorzugungen und Vorrechte) versus *Eingehen auf den Einzelfall* (Rücksichtnahme auf die Besonderheiten des Einzelfalls, Aufbau persönlicher Beziehungen) illustriert. Führung heißt an dieser Stelle, unentwegt Entscheidungen zu treffen und zudem den Mitarbeitenden eine Orientierung zu sein, berechenbar zu bleiben. Dilemmata sind per definitionem nicht auflösbar, wie zum Beispiel der Zielkonflikt Wirtschaftlichkeit und Ethik in der Debatte um die Ökonomisierung des Gesundheitswesens zeigt.

4 Fazit

Die Verkörperung der beruflichen Rolle spricht immer auch innere Konflikte des Coachees an und erfordert die Verfügbarkeit über strukturelle Funktionen. Situationsspezifisch werden Konfliktmuster gegebenenfalls verstärkt, alte Muster der Verhaltensbereitschaft aktiviert und die Verfügbarkeit über strukturelle Funktionen kann (temporär) verloren gehen. Beispielsweise löst ein Beförderungsangebot bei der Führungskraft mit dem *passiven Modus* des Versorgungskonflikts eine übermäßige Sorge aus, die Unterstützung des bestehenden Umfeldes zu verlieren. Klientinnen im *aktiven Modus* des Verantwortungskonflikts mögen sich in der gleichen Situation wundern und empören, dass sie nicht schon vor Jahren für eine Aufstiegsposition vorgesehen waren. Im Coaching kann daran gearbeitet werden, die Wechselwirkung zwischen der konfliktbedingten Vulnerabilität des Coachees und den Merkmalen seines Arbeitsumfeldes zu begreifen. Dem Coachee wird zunehmend bewusst, welche Erlebens- und Verhaltensweisen bei ihm in beruflichen Interaktionen ausgelöst werden (Lohmer u. Giernalczyk, 2012; Möller u. Giernalczyk, 2019, Kotte et al., 2019).

Im Coaching können – eine tragfähige Arbeitsbeziehung vorausgesetzt – die zur spezifischen Konfliktlage gehörigen Affekte erlebt und beschrieben werden. Durch die Verlangsamung des Tempos in der Coachingsitzung, bar jeden Praxisdrucks, können die die inneren Konflikte flankierenden Affekte zunächst einmal wahrgenommen werden. Mit Hilfe der Coach kann es gelingen, diese anfangs zu benennen und in einem weiteren Schritt lebensbiografisch zu verstehen. Um den Zugang zum affektiven Erleben zu verbessern, wird Klarifizierung angeregt (West-Leuer, 2011; Heuer, 2022).

Die Mentalisierung eigener und in Folge auch fremder affektiver und motivationaler Prozesse (Taubner u. Kotte, 2015) stellt eine Kernkompetenz für Führungskräfte dar. Sie fördert die Selbstreflexion, die wiederum die Voraussetzung schafft, um Erleben und Verhalten der Mitarbeitenden antizipieren und begleiten zu können – und im Konfliktfall einen angemessenen Interessenausgleich zu finden. Hierdurch wird die Kompetenz erlangt, die berufliche Rolle aktiv und intersubjektiv im Austausch mit Mitarbeitenden und Kollegen zu gestalten. Im Idealfall inszenieren sich zudem die Interaktionsmuster im Coachingprozess, und der Coach hat die Chance wahrzunehmen, welche emotionale Antwort auf die Übertragung, also die Gefühlseinstellung und Rollenzuweisung der Klientinnen, im Hier und Jetzt der gemeinsamen Arbeit entsteht. Es wird im psychodynamischen Coaching darauf geachtet, welche Phantasien, Emotionen und Handlungsimpulse im Coach in der Interaktion mit den Klienten entstehen (Giernalczyk, Lohmer u. Albrecht, 2013) – diese dienen als wichtige diagnostische Informationen. Im konkordanten Gegenübertragungsmodus identifiziert sich der Coach mit den Klienten und ihren aktuellen oder vergangenen schwierigen Arbeitssituationen; im komplementären Gegenübertragungsmodus hingegen identifiziert er sich mit den signifikanten Interaktionspartnern in seiner aktuellen Lebens- und Arbeitswelt (Racker, 2017). Die Nutzung der Gegenübertragung erweitert die diagnostischen Möglichkeiten der Coaches und ermöglicht sehr »personalisierte« Informationen: Das auf diese Weise entstandene »Verstehen« ermöglicht oftmals einen Zugang zu tiefen emotionalen Prozessen, die, empathisch gespiegelt, echte und nachhaltige Veränderungen anstoßen können.

Wir hoffen, mit diesem Bändchen einen Leitfaden für die Fragestellung vorgelegt zu haben, der der Antwort auf die brennende Frage in Psychotherapie, Beratung und Coaching einen Schritt näherkommt: *What works for whom?* Wenn es gelingt, konflikt- und strukturspezifisch zu intervenieren – davon gehen wir aus –, können wir den Anliegen der Klienten gerechter werden.

Ausgehend von der Diagnose der dominanten motivationalen Konflikte und ihrer Bewältigungsmodi können die Klientinnen eingeladen werden, ihre individuellen und bisher meist abgewehrten Kernaffekte zu erkunden. Die zunehmende Einsicht in Vermeidungsstrategien schmerzhafter Affekte, ebenso die wachsende Fähigkeit, Emotionen bewusst zu erleben, eröffnen neue innere und äußere Freiheitsgrade. Innere Freiheitsgrade, weil das Spektrum des emotionalen Erlebens und der Wahrnehmung um ein Vielfaches erweitert wird; äußere Freiheitsgrade, da die Wahrnehmung von anderen Personen und Situationen nun nicht mehr zwingend durch die Brille der dominanten Konflikte erfolgt, und weil das eigene Denken und Handeln nun nicht mehr in erster Linie der Vermeidung der Kernaffekte dient, sondern die Realitäten klarer wahrgenommen werden können und das Handeln darauf abgestimmt werden kann.

Liegen stärkere strukturelle Beeinträchtigungen vor, zielen die Interventionen meist erst einmal auf eine Verbesserung der basalen psychischen Fähigkeiten. Aufgrund der engen Verwobenheit von Konfliktthemen und strukturellen Funktionen bietet es sich an, den meist auch den Klientinnen zugänglichen (temporären) Verlust der basalen psychischen Fähigkeiten in den Situationen, in denen das individuelle Konfliktthema aktiviert ist, zu fokussieren. Gerät beispielsweise eine Führungskraft mit einem ausgeprägten Selbstwirksamkeitskonflikt im aktiven Modus auf eher beeinträchtigtem Strukturniveau häufig in cholerische Wutausbrüche, so ist es hilfreich, die auslösenden Situationen genau zu analysieren: Oft stellt sich dann heraus, dass die Wutausbrüche genau dann einsetzen, wenn der Klient befürchtet, die Kontrolle zu verlieren und dadurch in Hilflosigkeitszustände zu geraten – die Wut schützt dann vor dem Erleben der Hilflosigkeit. Das vermeintliche »Defizit« in der Affektregulation hat also eine klare unbewusste Funktionalität (allerdings auch etliche »Kosten«). Um aus diesem Automatismus aussteigen zu können, bieten sich beispielsweise *Gedankenspiele* an, in denen der Klient genau in bisher unbedingt vermiedene »Hilflosigkeits-Szenarien« einsteigt und so nach und nach eine Toleranz für das Erleben von Nichtkontrolle und Hilflosigkeit erlangt und andere nicht mehr sofort als »widerspenstig« erlebt, nur weil sie eigene Ideen haben; dadurch wird er empathiefähiger und es stellt sich erstmals ein Wir-Gefühl mit dem Team her.

Die konflikt- und strukturspezifischen Interventionsvorschläge – so hoffen wir sehr – können ihren Beitrag leisten, die Qualität des Coachings weiter zu steigern.

Literatur

Ameln, F. v. (2017). Macht und Ethik im Coaching. Coaching Magazin (1), 54–58.

Ameln, F. v. (2018). Führung und Beratung: Kognitive Landkarten durch die Welt der Führung für Coaching, Supervision und Organisationsberatung. Beraten in der Arbeitswelt. Göttingen: Vandenhoeck & Ruprecht.

Ameln, F. v., Kramer, J. (2014). Psychodrama (3., vollst. überarb. Neuaufl.). Berlin/Heidelberg: Springer.

Anthanasopoulou, A., Dopson, S. (2018). A systematic review of the executive coaching outcomes: is it the journey or the destination that matters the most? The Leadership Quarterly, 29 (1), 70–88.

Antonovsky, A. (1997). Salutogenese: Zur Entmystifizierung der Gesundheit. Tübingen: dgvt.

Arbeitskreis OPD (Hrsg.) (1996). Operationalisierte Psychodynamische Diagnostik. Grundlagen und Manual. Bern: Huber.

Arbeitskreis OPD (Hrsg.) (2006). Operationalisierte Psychodynamische Diagnostik OPD-2. Das Manual für Diagnostik und Therapieplanung. Bern: Huber.

Arbeitskreis OPD (Hrsg.) (2014). Operationalisierte Psychodynamische Diagnostik OPD-2. Das Manual für Diagnostik und Therapieplanung (3. Aufl.). Bern: Huber.

Arbeitskreis OPD (Hrsg.) (2023). OPD-3 – Operationalisierte Psychodynamische Diagnostik. Das Manual für Diagnostik und Therapieplanung. Göttingen: Hogrefe.

Bachmann, T., Steinke, I. (2019). Coaching-Prozesse. In Deutscher Bundesverband Coaching e. V. (Hrsg.), Coaching als Profession. Kompendium mit den Professionsstandards des DBVC (5. Aufl., S. 75–96). Osnabrück: DBVC.

Benecke, C. (2014). Klinische Psychologie und Psychotherapie. Ein integratives Lehrbuch. Stuttgart: Kohlhammer.

Benecke, C. (2017). Konfliktorientierte Therapie. Psychotherapeut, 62 (2), 98–105.

Benecke, C., Brauner, F. (2017). Motivation und Emotion. Psychologische und psychoanalytische Perspektiven. Stuttgart: Kohlhammer.

Benecke, C., Möller, H. (2013). OPD-basierte Diagnostik im Coaching. In H. Möller, S. Kotte (Hrsg.), Diagnostik im Coaching (S. 183–198). Berlin/Heidelberg: Springer. https://doi.org/10.1007/978-3-642-37966-6_12

Benecke, C., Möller, H. (2019). OPD-basierte Diagnostik im Coaching. In A. Ryba, G. Roth (Hrsg.), Coaching und Beratung in der Praxis: Ein neurowissenschaftlich fundiertes Integrationsmodell (S. 127–147). Stuttgart: Klett-Cotta.

Beumer, U. (2013). Rollogramm. In H. Möller, S. Kotte (Hrsg.), Diagnostik im Coaching (S. 235–249). Springer. https://doi.org/10.1007/978-3-642-37966-6_12

Bion, W. R. (1961). Erfahrungen in Gruppen und andere Schriften. Frankfurt a. M.: Fischer.

Bischof, N. (2009). Psychologie. Ein Grundkurs für Anspruchsvolle (2. Aufl.). Stuttgart: Kohlhammer.

Böning, U. (2015). Milieu: eine neue Kategorie im Coaching! Positionen – Beiträge zur Beratung in der Arbeitswelt 2. Kassel: Kassel Univer. Press.

Bowlby, J. (1973). Trennung. Psychische Schäden als Folge der Trennung von Mutter und Kind. Hamburg: Kindler.

Bozer, G., Jones, R. J. (2018). Understanding the factors that determine workplace coaching effectiveness: A systematic literature review. European Journal of Work and Organizational Psychology, 27 (3), 342–361. https://doi.org/10.1080/1359432X.2018.1446946

Dammann, G. (2007). Narzissten, Egomanen, Psychopathen in der Führungsetage: Fallbeispiele und Lösungswege für ein wirksames Management. Bern: Haupt-Verlag.

De Haan, E. (2019). A systematic review of qualitative studies in workplace and executive coaching: The emergence of a body of research. Consulting Psychology Journal: Practice and Research, 71 (4), 227–248. http://doi.org/10.1037/cpb0000144

De Vries, M. F. K., Miller, D. (1984). Neurotic style and organizational pathology. Strategic management journal, 5 (1), 35–55.

Deci, E. L., Ryan, R. M. (2000). The »what« and »why« of goal pursuits: Human needs and the self-determination of behavior. Psychological Inquiry, 11, 227–268.

Diller, S. J., Stadlinger, C., Eberhard, I., Jonas, E. (2020). »Ich bin perfekt – ich brauche kein Coaching!«. Organisationsberatung, Supervision, Coaching, 27, 515–526.

Doering, S., Hörz, S. (2012). Handbuch der Strukturdiagnostik. Konzepte, Instrumente, Praxis. Stuttgart: Schattauer.

Donnellon, A., Ollila, S., Middleton, K. W. (2014). Constructing entrepreneurial identity in entrepreneurship education. The International Journal of Management Education, 12 (3), 490–499. https://doi.org/10.1016/j.ijme.2014.05.004

Drake, D. B., Stelter, R. (2014). Narrative coaching. In J. Passmore (Hrsg.), Mastery in coaching. A complete psychological toolkit for advanced coaching (S. 65–96). London: Kogan Page.

Edmondson, A. C. (2019). The fearless organization: creating psychological safety in the workplace for learning, innovation, and growth. Weinheim: Wiley-VHC.

Ehrenthal, J. C., Möller, H., Zimmermann, J. (2020). Brüche der Arbeitsbeziehung in Coaching und Supervision. Organisationsberatung, Supervision, Coaching, 27 (4), 487–501. https://doi.org/10.1007/s11613-020-00678-0

Ely, K., Boyce, L. A., Nelson, J. K., Hernez-Broom, G., Whyman, W. (2010). Evaluating leadership coaching. A Review and integrated framework. The Leadership Quarterly, 21 (4), 585–599. https://doi.org/10.1016/j.leaqua.2010.06.003

Flückiger, C., Wüsten, G. (2021). Ressourcenaktivierung. Ein Manual für Psychotherapie, Coaching und Beratung (3. Aufl.). Göttingen: Hogrefe.

Freud, S. (1912). Über die allgemeinste Erniedrigung des Liebeslebens. GW VIII (S. 78–91). Frankfurt a. M.

Freud, S. (1916/1917). Vorlesungen zur Einführung in die Psychoanalyse. GW XI. Frankfurt a. M.: Fischer.

Freud, S. (1933/2020). Neue Folge der Vorlesung zur Einführung in die Psychoanalyse: Die Zerlegung der psychischen Persönlichkeit. Hamburg: Nikol.

Freud, S. (1940/2014). Abriss der Psychoanalyse. Gesammelte Werke. München: Anaconda.

Giernalczyk, T., Albrecht, C., Bauernschmitt, F. (2019). Zwischen Angst und Leidenschaft – eine psychodynamische Perspektive auf Emotionen im New Work. Organisationsberatung, Supervision, Coaching, 26 (2), 143–157.

Giernalczyk, T., Lohmer, M., Albrecht, C. (2013). Psychodynamische Zugänge zur Coachingdiagnostik. In H. Möller, S. Kotte (Hrsg.), Diagnostik im Coaching (S. 18–31). Berlin/Heidelberg: Springer.

Giernalczyk, T., Möller, H. (2018). Entwicklungsraum: psychodynamische Beratung in Organisationen. Beraten in der Arbeitswelt. Göttingen: Vandenhoeck & Ruprecht. https://doi.org/10.13109/9783666402982

Goethe, J. W. (1967). Die Leiden des jungen Werther. Goethes Werke Bd. III. Darmstadt: Deutsche Buchgemeinschaft.

Graßmann, C., Schermuly, C. C. (2020). Understanding what drives the coaching working alliance: A systematic literature review and meta-analytic examination. International Coaching Psychology Review, 15 (2), 99–118.

Graßmann, C., Schölmerich, F., Schermuly, C. C. (2019). The relationship between working alliance and client outcomes in coaching: A meta-analysis. Human Relations, 73 (1), 35–58.

Grawe, K. (1987). Psychotherapie als Entwicklungsstimulation von Schemata. Ein Prozeß mit nicht vorhersehbarem Ausgang. In F. Caspar (Hrsg.), Problemanalyse in der Psychotherapie (S. 72–87). Tübingen: dgvt.

Grawe, K. (2000). Psychologische Therapie. Göttingen: Hogrefe.

Greif, S. (2008). Coaching und ergebnisorientierte Selbstreflexion. Göttingen: Hogrefe.

Halberstadt, C. (2021). Der innerpsychische Konflikt Individuation vs. Abhängigkeit im Coaching: Zentrale Ergebnisse einer qualitativen Studie zur Praxis erfahrener Coaches. Organisationsberatung, Supervision, Coaching, 28 (4), 501–515. https://doi.org/10.1007/s11613-021-00730-7

Haubl, R. (2009). Neidisch sind immer nur die anderen. Über die Unfähigkeit, zufrieden zu sein. München: C. H. Beck.

Heider, F. (1977). Psychologie der interpersonalen Beziehungen. Stuttgart: Klett.

Heinl, H., Petzold, H. G., Fallenstein, A. (1983). Das Arbeitspanorama. In H. G. Petzold, H. Heinl (Hrsg.), Psychotherapie und Arbeitswelt (S. 356–408). Paderborn: Junfermann.

Heuer, M. (2022). Versorgung als psychodynamische Konfliktthematik im Coaching (unveröffentlichte Masterarbeit). Universität Kassel.

Higgins, E. T. (1997). Beyond pleasure and pain. The American Psychologist, 52, 1280–1300.

Honneth, A. (2010). Kampf um Anerkennung: Zur moralischen Grammatik sozialer Konflikte. Berlin: Suhrkamp.

Ibarra, H., Wittman, S., Petriglieri, G., Day, D. V. (2014). Leadership and identity: An examination of three theories and new research directions. In D. V. Day (Hrsg.), The Oxford handbook of leadership and organizations (S. 285–301). Oxford University Press. https://doi.org./10.1093/oxfordhb/9780199755615.013.015

Jacob, G. A., Potreck-Rose, F. (2004). Der Selbstwert in der Verhaltenstherapie. Verhaltenstherapie, 14 (3), 206–212. https://doi.org/10.1159/000080917

Kammeyer-Mueller, J. D., Judge, T. A., Piccolo, R. F. (2008). Self-Esteem and extrinsic career success: Test of a dynamic model. Applied Psychology, 57 (2), 204–224. https://doi.org/10.1111/j.1464-0597.2007.00300.x

Kauffeld, S. (2007). Jammern oder Lösungsexploration? Eine sequenzanalytische Betrachtung des Interaktionsprozesses in betrieblichen Gruppen bei der Bewältigung von Optimierungsaufgaben. Zeitschrift für Arbeits- und Organisationspsychologie, 51 (2), 55–67. https://doi.org/10.1026/0932-4089.51.2.55

Körner, J. (2014). Arbeit »in« der Übertragung. Forum der Psychoanalyse, 30 (4), 341–356. https://doi.org/10.1007/s00451-014-0184-1

Körner, J. (2017). Die Psychodynamik von Übertragung und Gegenübertragung. Göttingen: Vandenhoeck & Ruprecht.

Kotte, S., Bick, E., Benecke, C., Möller, H. (2019). Operationalisierte Psychodynamische Diagnostik im Arbeitskontext. Organisationsberatung, Supervision, Coaching, 26 (1), 67–83. https://doi.org/10.1007/s11613-019-00587-x

Kozica, A., Müller, M., Roser, P. (2021). iga.Report 44. Evolution der Unternehmens- und Arbeitsorganisation. Neue Perspektiven für Prävention und Gesundheitsförderung durch Arbeit 4.0. Dresden: Institut für Arbeit und Gesundheit der Deutschen Gesetzlichen Unfallversicherung (IAG).

Krause, F., Storch, M. (2018). Ressourcen aktivieren mit dem Unbewussten (2. Aufl.). Göttingen: Hogrefe.

Kristof, A. L. (1996). Person-Organization Fit: An integrative review of its conceptualisations, measurement, and implications. Personnel Psychology, 49 (1), 1–49. https://doi.org/10.1111/j.1744-6570.1996.tb01790.x

Krug, S., Kuhl, U. (2006). Macht, Leistung, Freundschaft. Motive als Erfolgsfaktoren in Wirtschaft, Politik und Spitzensport. Stuttgart: Kohlhammer.

Kühl, S. (2018). Rollen als Grundlagenthema im Coaching. In S. Greif, H. Möller, W. Scholl (Hrsg.), Handbuch Schlüsselkonzepte im Coaching (S. 495–502). Berlin/Heidelberg: Springer.

Kutter, P. (1994). Liebe, Haß, Neid, Eifersucht. Eine Psychoanalyse der Leidenschaften. Göttingen: Vandenhoeck & Ruprecht.

Lanka, E., Topakas, A., Patterson, M. (2020). Becoming a leader: Catalysts and barriers to leader identity construction. European Journal of Work and Organizational Psychology, 29 (3), 377–390. https://doi.org/10.1080/1359432X.2019.1706488

Lawrence, P. (2018). A narrative approach to coaching multiple selves. International Journal of Evidence Based Coaching and Mentoring, 16 (2), 32–41. https://search.informit.org/doi/10.3316/informit.852991548798939.

Letzring, T. D., Murphy, N. A., Allik, J., Beer, A., Zimmermann, J., Leising, D. (2021). The judgment of personality: An overview of current empirical research findings. Personality Science, 2, 1–20.

Lohmer, M., Giernalczyk, T. (2012). Psychodynamik und Unbewusstes in Unternehmen. In T. Giernalczyk, M. Lohmer (Hrsg.), Das Unbewusste im Unternehmen: Psychodynamik von Führung, Beratung und Change Management (S. 7–23). Stuttgart: Schäffer-Poeschel.

Lohmer, M., Giernalczyk, T., Heimer, C., Engelberg, M., Albrecht, C., Weiß, J. (2012). Psychodynamische Führungsstile. In T. Giernalczyk, M. Lohmer (Hrsg.), Das Unbewusste im Unternehmen. Psychodynamik von Führung, Beratung und Change-Management (S. 57–75). Stuttgart: Schäffer-Poeschel.

Lohmer, M., Möller, H. (2014). Psychoanalyse in Organisationen. Einführung in die psychodynamische Organisationsberatung. Stuttgart: Kohlhammer.

Looss, W. (2013). Gestaltorientierte Diagnosearbeit im Coaching: Eine Kartographie des Lebendigen. In H. Möller, S. Kotte (Hrsg.), Diagnostik im Coaching (S. 45–61). Berlin/Heidelberg: Springer.

Lorenzer, A. (1970). Symbol, Sprachverwirrung und Verstehen. Psyche, 12, 895–920.

Löwer-Hirsch, M. (2017). Inszenierungen von Macht und Ohnmacht bei der Auftragsklärung und im Erstkontakt. Organisationsberatung, Supervision, Coaching, 24 (3), 313–322. https://doi.org/10.1007/s11613-017-0514-4

Luborsky, L. (1995). Einführung in die analytische Psychotherapie. Ein Lehrbuch (2. Aufl.). Göttingen: Vandenhoeck & Ruprecht.

Mallinckrodt, B., Chen, E. C. (2004). Attachment and interpersonal impact perceptions of group members: A Social Relations Model analysis of transference. Psychotherapy Research, 14, 210–230.

Markin, R. D., Kivlighan, D. M. (2008). Central relationship themes in group psychotherapy: A Social Relations Model analysis of transference. Group Dynamics: Theory, Research, and Practice, 4, 290–306.

Martin, A., Buchheim, A., Berger, U., Strauß, B. (2007). The impact of attachment organization on potential countertransference reactions. Psychotherapy Research, 17, 46–58.

Mead, G. H. (1978). Geist, Identität und Gesellschaft. Frankfurt a. M.: Suhrkamp.

Meister-Scheytt, C., Möller, H. (2006). Erzeugt Autonomie an Universitäten Abhängigkeit? Hochschulmanagement, 29–33.

Mentzos, S. (2017). Neurotische Konfliktverarbeitung. Einführung in die psychoanalytische Neurosenlehre unter Berücksichtigung neuer Perspektiven (24. Aufl.). Frankfurt a. M.: Fischer.

Möller, H. (2005). Stolpersteine weiblicher Karrieren Was Frauen hindert, erfolgreich zu sein. Organisationsberatung, Supervision, Coaching, 12 (4), 333–343.

Möller, H. (2012). Sie kamen, sahen und siegten – der lange Marsch der Frauen in Organisationen. In T. Giernalczyk, M. Lohmer (Hrsg.), Das Unbewusste im Unternehmen (S. 91–110). Stuttgart: Schäeffer-Poeschel.

Möller, H. (2016). Psychische Störungen im Coaching. In S. Greif, H. Möller, W. Scholl (Hrsg.), Handbuch Schlüsselkonzepte im Coaching. Berlin/Heidelberg: Springer.

Möller, H., Giernalczyk, T. (2019). Psychodynamisches Coaching. In A. Ryba, G. Roth (Hrsg.), Coaching und Beratung in der Praxis: Ein neurowissenschaftlich fundiertes Integrationsmodell (S. 201–228). Stuttgart: Klett-Cotta.

Möller, H., West-Leuer, B. (2018). Stolpersteine weiblicher Karrieren – and what about Sex? Zeitschrift Psychodynamische Psychotherapie (PDP), 2, 97–105.

Moshagen, M., Hilbig, B. E., Zettler, I. (2018). The dark core of personality. Psychological Review, 125, 656–688. http://doi.org/10.1037/rev0000111

Mühlberger, C., Böhm, A. M., Jonas, E. (2021). Motivationale Passung im Coaching. In C. Rauen (Hrsg.), Handbuch Coaching (4. Aufl., S. 327–346). Göttingen: Hogrefe.

Müller, M. (2017). Einführung in narrative Methoden der Organisationsberatung. Heidelberg: Carl-Auer.

Neuberger, O. (2002). Führen und führen lassen: Ansätze, Ergebnisse und Kritik der Führungsforschung. Stuttgart: UTB.

Ogden, T. H. (1995). Frühe Formen des Erlebens. Berlin/Heidelberg: Springer.

Paustian-Underdahl, S. C., Slattery Walker, L. S., Woehr, D. J. (2014). Gender and perceptions of leadership effectivness: A meta-analysis of contextual moderators. Journal of Applied Psychology, 99 (6), 1129–1145. http://doi.org/10.1037/a0036751

Perls, F. (1976). Grundlagen der Gestalttherapie. Einführung und Sitzungsprotokolle. München: Pfeiffer.

Preiser, S., Auth, A., Buttkewitz, S. (2005). Bewältigung von Lebensenttäuschungen – Innere und äußere Ressourcen. Zeitschrift für Psychologie, 213 (1), 34–43. https://doi.org/10.1026/0044-3409.213.1.34

Racker, H. (2017). Übertragung und Gegenübertragung. Studien zur psychoanalytischen Technik. München/Basel: Ernst Reinhardt.

Rappe-Giesecke, K. (2017). Triadische Karriereberatung. Organisationsberatung, Supervision, Coaching, 4, 443–458. https://doi.org/10.1007/s11613-017-0521-5

Redmann, B. (2017). Agiles Arbeiten im Unternehmen: Rechtliche Rahmenbedingungen und gesetzliche Anforderungen. Freiburg: Haufe.

Roth, G., Ryba, A. (2019). Coaching und Beratung in der Praxis. Ein neurowissenschaftlich fundiertes Integrationsmodell. Stuttgart: Klett-Cotta.

Ryba, A. (2014). Coaching-Interventionen. In A. Ryba, D. Pauw, D. Ginati, D., S. Rietmann (Hrsg.), Professionell coachen. Das Methodenbuch: Erfahrungswissen und Interventionstechniken von 50 Coachingexperten (S. 97–400). Weinheim: Beltz.

Schermuly, C. C., Schermuly-Haupt, M. L., Schölmerich, F., Rauterberg, H. (2014). Zu Risiken und Nebenwirkungen lesen Sie … Negative Effekte von Coaching. Zeitschrift für Arbeits- und Organisationspsychologie A&O, 58, 17–33. https://doi.org/10.1026/0932-4089/a000129

Schmidbauer, W. (1992). Hilflose Helfer. Über die seelische Problematik der helfenden Berufe. Reinbek: Rowohlt.

Schneck, C. (2012). Narzisstische Phänomene und Management. Hamburg: Kovač.

Scholl, W. (2013). The socio-emotional basis of human interaction and communication: How we construct our social world. Social Science Information, 52 (1), 3–33. https://doi.org/10.1177/0539018412466607

Scholl, W., Looss, W. (2018). Macht und Mikropolitik als Thema im Coaching. In S. Greif, H. Möller, W. Scholl (Hrsg.), Handbuch Schlüsselkonzepte im Coaching (S. 343–351). Berlin/Heidelberg: Springer. https://doi.org/10.1007/978-3-662-45119-9_39-2

Schreyögg, A. (2012). Coaching. Eine Einführung für Praxis und Ausbildung (7., komplett überarb. u. erw. Auflage). Frankfurt a. M.: Campus.

Schulz von Thun, F. (2007). Miteinander reden. Fragen und Antworten. Reinbek: Rowohlt.

Schulz von Thun, F., Stegemann, W. (2004). Das innere Team in Aktion. Praktische Arbeit mit dem Modell. Reinbek: Rowohlt.

Skinner, S. (2020). Towards a theory of Leader Identity Formation and its application in executive coaching. Philosophy of Coaching: An International Journal, 5 (1), 71–89. http://dx.doi.org/10.22316/poc/05.1.07

Stavemann, H. (2011). … und ständig tickt die Selbstwertbombe. Selbstwertprobleme erkennen und lösen. Weinheim: Beltz.

Steinmann, B., Kleinert, A., Maier, G. W. (2020). Promoting the underestimated: A vignette study on the importance of the need for affiliation to successful leadership. Motivation and Emotion, 44, 641–656. https://doi.org/10.1007/s11031-020-09833-7

Stern, D. N. (1992). Die Lebenserfahrung des Säuglings (11. Aufl.). Stuttgart: Klett-Cotta.

Stoll, M. (2021). Coaching zum Spannungsfeld von Dominanz und Unterordnung – Wie gelingt eine situationsadäquate Selbstregulation? Organisationsberatung, Supervision, Coaching, 28 (4), 485–500. https://doi.org/10.1007/s11613-021-00738-z

Stoll, M. (2022). Verantwortung in der Arbeitswelt – Interventionen für ein adäquates Schuld- und Verantwortlichkeitsempfinden im Coaching (unveröffentlichte Bachelorarbeit). Universität Kassel.

Taubner, S., Kotte, S. (2015). Mentalisierung im Coaching. In S. Greif, H. Möller, W. Scholl (Hrsg.), Handbuch Schlüsselkonzepte im Coaching. Berlin/Heidelberg: Springer. https://doi.org/10.1007/978-3-662-45119-9_41-1

Theeboom, T., Beersma, B., van Vianen (2014). Does coaching work? A meta-analysis on the effects of coaching on individual level outcomes in an organizational context. The journal of Positive Psychology, 9 (1), 1–18. https://doi.org/10.1080/17439760.2013.837499

Trömel-Plötz, S. (2007). Frauensprache: Sprache der Veränderung. München: Verlag Frauenoffensive.

Wagner, A., Kosuch, R., Iwers, T. (2020). Introvision: Problemen gelassen ins Auge schauen – Eine Einführung. Stuttgart: Kohlhammer.

Webers, T. (2015). Systemisches Coaching: Psychologische Grundlagen. Berlin/Heidelberg: Springer.

West-Leuer, B. (2011). Affekt-Coaching. In H. Schnoor (Hrsg.), Psychodynamische Beratung (S. 165–178). Göttingen: Vandenhoeck & Ruprecht.

Winnicott, D. W. (1958). Über die Fähigkeit, allein zu sein. Psyche, 12 (6), 344–352.

Winnicott, D. W. (1991). Von der Kinderheilkunde zur Psychoanalyse. Frankfurt a. M.: Fischer-Taschenbuch-Verl.

Wurmser, L. (2019). Scham und der böse Blick: Verstehen der negativen therapeutischen Reaktion. Stuttgart: Kohlhammer.

Zimmermann, J., Ehrenthal, J. C., Cierpka, M., Schauenburg, H., Doering, S., Benecke, C. (2012). Assessing the level of structural integration using Operationalized Psychodynamic Diagnosis (OPD): Implications for DSM-5. Journal of Personality Assessment 94 (5), 522–532. https://doi.org/10.1080/00223891.2012.700664